青少年
心理健康
诊疗手册

华 业 ◎ 编著

中国长安出版社

图书在版编目（CIP）数据

青少年心理健康诊疗手册/华业编著．—北京：中国长安出版社，2007.12

（新编身心健康枕边书）

ISBN 978-7-80175-754-8

Ⅰ．青… Ⅱ．华… Ⅲ．青少年—心理卫生—健康教育—手册 Ⅳ．G479-62

中国版本图书馆CIP数据核字（2007）第198375号

青少年心理健康诊疗手册
华业　编著

出版：中国长安出版社
社址：北京市东城区北池子大街14号（100006）
网址：http://www.ccapress.com
邮箱：ccapress@yahoo.com.cn
发行：中国长安出版社　全国新华书店经销
电话：010-65281919　65270433
印刷：天津冠豪恒胜业印刷有限公司
开本：710×1000毫米　1/16
印张：16
字数：280千字
版本：2008年1月第1版　2020年5月第2次印刷
印数：1-5000册

书号：ISBN 978-7-80175-754-8
定价：48.00元

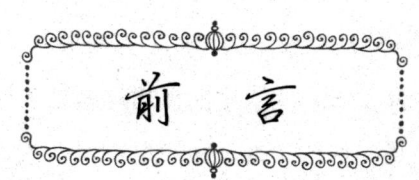

古往今来,人人都希望健康。因为健康总是与家庭的幸福、学业的成功和社会的发展联系在一起的。处于社会急剧转型期的今天,求学、人际、前途等各种压力纷至沓来,人们的心灵正饱受着各种问题的困扰,心理问题越来越受到广泛关注。

心理学家的统计表明,在人群中,80%的人在不同的年龄阶段,甚至一生均存在着不同程度的心理疾病、人格缺陷和习惯性不良行为。如何保持健康的心理、健全的人格、成熟的心态,已成为现代人必须面对的人生及社会问题。

人们都说儿童青少年时期是人生最美好的时光,但在这一阶段他们承载着巨大的压力。在学校里,他们总是试图表现的得体和期待被大家接受,同时还在努力地探索自己到底是谁。走进社会后更是压力重重,造成极大的心理负担,以致严重地影响着身心健康。让我们面对这个事实吧,儿童青少年时期也是非常让人有挫败感的!

心理学是研究人的科学,无忧的物质生活、空前的学习压力、紧密的亲情缠绕是当代青少年的生活写照。青少年有许多疑问：我的快乐在哪里？我的痛苦源于什么？我为什么要活着？因为不了解他们内心真正的需求，疑惑的父母也要问：我的孩子怎么了？我的教育错在哪里？现在的孩子的内心世界是什么样的？应该怎么和他们打交道？

21世纪，社会对青少年心理素质的要求可概括为四个要点，即：独立性、合群性、创新性和开拓性。如果缺少其中某些素质，就可能难于承受未来的竞争。

可以说，影响青少年最大的问题是心理问题，对健康危害最大的疾病是心理疾病。大家都知道大脑是人体的总司令部，如果从这里发出的指令是正确的，那么人体的活动则处于正常的"轨道"。从生理的角度看，则一切相安无事，机体健康，百病难侵。

本书由多名心理学专家在整合大量的心理学资料的基础上编撰而成。全书共分9章，分别对家庭关系、不良情绪、不良嗜好和怪癖等一系列常见的心理问题以及儿童心理、青少年心理等方面常出现的问题进行了阐释和剖析，并就这些心理问题的治疗与保健方法作了详尽的说明。

探究青少年成长的心径，揭示他们内心的奥秘，挖掘他们问题深层的根源。这本书是一扇窗，透过这扇窗，可以让青少年看到自己波动的情绪下涌动的暗流；让父母看到青少年的心灵深处，了解青少年最需要什么；让老师看到青少年行为问题的实质，理解青少年的困扰！对儿童青少年的家长、中小学教师和其他青少教年教育工作者也极有参考价值。

第一章　父母为什么烦恼　　001

　　孩子的最大问题是心病　　002
　　焦点问题的心理咨询　　007
　　父母能做些什么　　011
　　父母要管理好自己的情绪　　015
　　孩子不会交朋友怎么办　　019
　　孩子有逆反心理怎么办　　024
　　孩子自负怎么办　　028

第二章　家长生病，孩子吃药　　033

　　问题源自家庭　　034
　　没有不称职的孩子，只有不称职的父母　　037
　　做父母要言传身教　　041

家庭对孩子心理素质的影响　　044

　　孩子与家庭教育环境　　049

　　离异的家庭　　052

　　要想改变孩子，先要改变自己　　056

第三章　读懂孩子的心　　059

　　孩子也不容易　　060

　　辨别孩子的心理偏差　　064

　　尊重孩子的隐私　　068

　　驱散孩子心中自卑的阴影　　072

　　让沟通连接你们的心　　076

　　让孩子远离任性　　080

第四章　化解不良情绪　　085

　　愤怒时做一下深呼吸　　086

　　焦虑情绪影响成长　　091

　　放松心中的紧张之弦　　095

　　让悲观远离你的生活　　099

　　切记：急火攻心　　103

　　正面面对抑郁情绪　　106

　　怨恨让一粒甜葡萄变酸　　110

第五章　直面压力是一种勇敢　　113

　　怎样才能避免压力　　114

压力与心理健康　　118
　　消除压力的好方法　　122
　　冷静是压力管理的好方法　　126
　　挫折面前也从容　　130
　　和压力交朋友　　134

第六章　健康的人缘　　139

　　你的人缘还好吗　　140
　　人际交往中的不良心理　　143
　　交往从克服胆怯开始　　147
　　人际交往中如何保持最佳的、主动的状态　　151
　　嫉妒是影响交往的大障碍　　155
　　走出社交恐惧症的阴影　　159
　　走进人群，远离孤独　　163

第七章　改掉怪癖和不良嗜好　　167

　　拿什么来拯救你的胃口　　168
　　克服花钱的欲望　　171
　　异装癖：穿上另一种性别　　174
　　人不需要吞云吐雾　　177
　　赌博伤财又伤身　　181
　　借酒消愁愁更愁　　186
　　怎样戒掉网瘾　　189

第八章 青苹果、红苹果 193

给女生的私房话 194
心跳的感觉 198
男孩子的事情 203
青涩的苹果 207
与异性交往 211
正确认识性教育 216
如何看待青春期 220

第九章 是的，青少年可以改变自己 223

鼓舞并依靠你自己 224
集中精神去做每一件事 227
让自信发挥作用 231
让宽容来融化报复心理 237
让虚荣不再得到爱慕 240
本来无一物，何处惹尘埃 245

第一章

父母为什么烦恼

孩子的最大问题是心病

为了避免孩子出现精神障碍,让孩子健康地成长,我们做父母的应努力帮助孩子在日常生活中学习和掌握各方面的生活技能。专家解释,所谓的"生活技能",是指一个人的心理社会能力;是一个人有效地处理日常生活中的各种需要和挑战的能力;是自身能保持良好的心理状态,并且在与他人、社会和环境的相互关系中,表现出适应和积极行为的能力。根据孩子性格的不同,可以具体表述为以下几种能力。

了解孩子自身的特点,培养孩子自我认识能力。儿童、青少年一般对自己长处和短处不了解,对自己的个性和特点认识不到位,对将来的目标心中无数,往往是我们做父母的让干什么就干什么,更有的孩子只是看到自己的缺点,对自己的所谓"短处"产生自卑心理。

如果孩子对自己没有一个正确的认识和客观的评价,那么,一旦在遇到挫折和竞争的时候,就容易产生心理失衡。因此,要让他们明白每个人都有优点和不足,只有看到自己的长处,才能培养乐观健全的个性。正确认识自己并不是一件简单的事情,所以,首先让孩子要懂得客观地评价自我,有客观明确的生活目标,这样他们才能在快乐的情绪中循序渐进,健康成长。

让孩子认识到自己的情绪，培养缓解压力的能力。儿童、青少年由于生活经验不足、承受能力有限等种种原因，对自身的情绪有时难以把握，在遇到困难和矛盾的时候可能不会调整和控制自己的情绪，造成没必要的烦恼和冲突，而长期的情绪压抑更是精神疾病的基础。因此，要培养他们学会缓解精神压力，尤其是对一些情绪压抑的事，要教育他们懂得和学会宣泄和放松，这样才能保持心理平衡和良好的心态，这样不仅使他们从心情上得到愉快，而且当他们在遇到困难时有能力做出冷静的处理。

学会倾听和表达，培养良好的人际交往能力。让孩子认真倾听他人谈话和意见，使用恰当的语言同他人交流和沟通思想，这种"听"和"说"的技能是人际交往的重要环节。

很多儿童、青少年在与人交流时，不注意他人的讲话或表现出不耐烦和不理睬，使人感到不尊重他人，排斥他人；有些儿童、青少年不愿意讲自己的心里话，表达自己的时候缺乏自然坦诚的态度，妨碍了与他人的沟通，这样，由于长期的听不进去，说不出来，很容易把自己封闭在一个小天地里，造成独来独往、孤僻苦闷或固执偏激，最终成为不受欢迎的人。

我们做父母的要帮孩子在与他人交往时恰当地运用言语和非言语进行自我表达，表达自己的观点、愿望和需求，避免不必要的误解和猜疑，形成良好的人际关系，结识更多的朋友，也使他们懂得要对人采取友好对待、和睦相处的态度，面对人际交流出现的问题和矛盾，采取宽容、公平、有理、有节的处理方式。尊重他人、相信他人，在人与人的彼此支持和鼓励中健康成长。

理解并支持他人，培养换位思考能力。在独生子女的家庭，孩子容易受到父母过多的呵护，导致一些儿童、青少年往往只关心自己眼前的事物，对他人漠不关心。这样的话，应培养他们懂得什么叫理解，什么叫爱心，让孩子自己设身处地站在对方的立场和角度上，换位思考能力的培养就显得十分重要。这是培养孩子健康心理素质的要求。帮助和支持他人虽说是一种付出，但却在这种付出中获得了快乐，这是我们培养儿童、青少年快乐心情、健康行为不容忽视的一个环节。

有效解决问题，培养应对能力。每个儿童、青少年都生活在社会中，即使在非常和睦的家庭中，也难免会遇到一些矛盾和冲突。怎样有效地解决这种冲突，需要学会应对的技巧和方法。

对儿童、青少年来说，他们往往缺乏应对的态度和办法，不知道从什么地方着手解决问题，这样容易产生苦闷、难过、恐慌等心理问题，长久下去，将使他们处于抑郁、焦虑心理当中。因此，应该教育和训练他们解决问题的能力，培养他们应对的技巧，帮助他们认识问题出现和存在的客观性，帮助他们寻求解决问题的突破口和方法步骤，要讨论，要协商，要探讨，要尝试，使他们学会主动地适应环境，尽快地从遇到的问题中解脱出来。在解决问题中一步一个脚印地前进，快乐地成长。

避免攻击性言行，培养自律能力。儿童、青少年之间容易因为一点小事产生矛盾，轻者闹意见，重者也许会一时冲动，自觉或不自觉地出现攻击性行为。如果这种行为得不到及时的改善，发展下去不仅对他人是一种严重的伤害，自己的身心健康也会受到严重的影响。

因此，要培养他们严格的自律能力，学会用和平的方法替代攻击性行为。这既是健康心理素质养成的基本要求，也是为人之道。

当孩子患有心病时，做父母的我们应从多方面了解，不要一味地着急，要正确了解和看待孩子心理问题的来源。

要正确看待自己，这是心理健康的第一要素。儿童、青少年是个体自我认识发展的关键期，这个时期的孩子比任何时候都更敏感，最终导致自卑、不能接纳自我，严重的还会产生心理障碍。另外，父母过分地保护，剥夺孩子经受锻炼、增长能力的机会，很容易导致孩子性格上的懦弱，承受不住任何挫折，父母应该重视对孩子意志力的培养。

管理好孩子的情绪。儿童、青少年由于心理发展不成熟，常常不能恰当地表达自己的情绪，消极的情绪会影响他们的学习、生活和健康。现在许多父母对孩子过分关爱，孩子缺少独立的生活能力和处事能力，因此，环境适应能力很弱，这些情绪压抑了孩子潜能的发挥和创新能力的培养。甚至，有些孩子因闹情绪而导致离家出走、自杀等事件的发生，为此，父母应注意帮助孩子管理情绪。

与孩子平等沟通，蹲下来和孩子站在同样的高度，你会发现要做到民主、平等地对待孩子其实并非易事。平等沟通是理解和教育的前提，儿童、青少年心理健康中的很多问题都源于彼此不能沟通。这就要求父母不要用自己的期望去要求和评价孩子，不简单地比较、贬低、批评他们，让孩子自己在挫折和错误中增长经验，磨炼意志。父母应通过学习心理健康知识，调整好自己的心理，同时，帮助儿童、青少年掌握心理健康知识，学习自我心理调解的技能，培养良好的心理素质。

心理疗法

（1）父母要做出表率。真正的文明礼貌不是故意为之，而是孩子们内心的真情流露。在家里，父母要做出榜样，言行一致地尊敬长辈并尊重和爱护晚辈。孩子看在眼里、记在心里，便会潜移默化。当孩子的文明礼貌行为在家里已成了一种习惯，他们去别人家里做客也就能够很自然地表现出来。

（2）对孩子进行挫折教育。现在大多数孩子都是在百般呵护下成长的，一旦受到挫折，心理反应强烈，容易表现出暴躁、自卑、悲观等心理现象。若平时注意对孩子进行一些"挫折"教育，适当开展有针对性的"吃苦"训练，将有助于他们心理承受力的提高和健康心理品质的养成。

（3）嫉妒源于太自我。如今，孩子们总觉得生来就应该让别人围着他们转，一旦有人超越他们，就表现出强烈的嫉妒心。所以，父母应注

意培养孩子的责任心和与他人合作的能力,让孩子多参与公益、艺术活动,使他们明白这个社会应是互助协作的美好家园,而绝非是唯我独尊的个人世界。

(4)多纵比少横比。有些父母在教育孩子时,往往喜欢拿他们的短处同其他孩子的长处比较,以为这样可以起到激励作用。但往往事与愿违,反而会让孩子产生自卑感。与其让孩子和同学比,不如仔细观察孩子的过去和现在,对他们每一点微小的进步都及时地给予肯定和表扬,让他们看到自己的潜力,不断增强搞好生活和学习的自信心。

(5)要培养孩子的爱心。孩子自私的主要原因是孩子们缺乏爱心,只关心自己,不关爱别人。为此,做父母的应该身体力行,以自己的实际行动来培养孩子们的爱心。

焦点问题的心理咨询

儿童、青少年应该充满欢笑与喜悦，但随着社会竞争的加剧，心理压力过早地降临到他们的身上。他们要面对过重的学习负担、升学的巨大压力以及生活中的不如意，以至于精神长期处于紧张状态，从而导致各种心理疾病的发生。但许多父母并没有意识到这方面的问题，认为孩子身体强壮没有什么疾病就是健康，即便学习上出现什么问题也与身体状况无关。

其实，孩子的健康包括生理和心理两个方面，只有同时具备了健壮的体魄和健全的心理，才能称得上是健康。所以，即便孩子看上去身强体壮，如果连续6个月以上出现下列情况，父母则要及时为孩子进行心理咨询。

虽然智力正常，但存在与实际年龄不相符的注意力不集中、活动过多、冲动、自控能力比较差、一些行为异常等特征，则有可能属于多动症；对学校过分恐惧，想方设法找各种借口逃学，甚至拒绝上学，有的则在上学前或上学时出现心慌、头痛、腹痛、呕吐等症状；对某种特定情境下的人物、动物和事情产生强烈的恐惧或紧张感，即便是安抚、劝慰、引导也不能消除这种情绪，有时候心中知道不必害怕，但一到特定的情境中又会情不自禁，难以控制自身的害怕情绪，这是"儿童恐惧症"的一些表现；较长时间内出现情绪低落、思维迟钝、动作迟缓等，同时还存在睡眠障碍、学习成绩下降、食欲减退、体重下降和身体不适等症状。如果长时间得不到疏导，程度会逐渐加重，个别儿童、青少年在某种诱因下还会出现自杀企图或自杀行为。

一旦孩子出现心理异常或疾患，父母应尽早带孩子去看心理医生，以免耽误治疗的良机，影响孩子的身心健康。

在进行心理治疗前应做好以下准备，了解心理医生的有关情况。心理治疗必须由专业医生进行，否则不仅没有效果，还会引起偏差。一般应对心理医生是否有执业证书、从业时间及经验等情况做比较全面的了解；了解心理医生所采用的治疗方法与手段，其复杂程度、疗效及收费标准。做好必要的思想准备，要有适当的"期望值"，有许多心理问题并不是单纯通过几次心理治疗就能解决的，且预后效果受多种因素制约，必须在相关方面的配合下才能产生良好的效果。要懂得谈话即是治疗，"心病"还得"心药"治，为医治"心病"找病根以及寻找"心药"，在许多情况下都要通过医患双方的交流来实现，所以患者要坦诚地面对医生，将医生所要了解的情况"和盘托出"。家长应鼓励孩子要有"征服自我"的心理准备，尤其对那些心理问题由来已久，甚至已形成潜意识的心理变异的患者，更要有这方面的意识。因为心理治疗对其来说是一次心灵的重塑，只有树立了"征服自我"的思想，方能最终超越自己，获得"全新的自我"。

重视环境对青少年心理咨询的影响。青少年的成长发展过程受家庭、学校、社会的影响。家庭环境，主要是家庭教育责任人的教育水平对子女的成长起着非常重要的作用。在对青少年因家庭因素造成的问题的咨询辅导中，应非常重视考察父母的家庭教育能力、教育方式以及父母的行为习惯。无论是在对青少年的咨询辅导中，还是针对父母的家庭教育讲座中，首先要使父母认识到，"家庭教育是科学的，是严肃的，也是需要专业资质的"；只有承认家庭教育是科学、认真、严肃的，学习掌握教育的方法，才能达到教育孩子的目的和效果。家庭教育的失败，问题在孩子，责任在父母。简言之，要使父母知道，教育自己的孩子，你也要有资格。有了良好的家庭教育背景，与家庭相关的咨询就成功了一半。

青少年的成长发展过程受学校教育教学风气、水平以及教育工作者个体专业水平、教育水平、职业道德的影响。学生的从众心理使得学校的教育教学风气、水平显得尤其重要。教师自身的专业水平、教育水平、职业道德直接影响着学生对教师教育的接受程度，进而影响学生的成长。在对青少年因学校因素造成的问题的咨询辅导中，应重视教师对学生成长发展的负面影响。

重视儿童、青少年社会能力的培养。儿童、青少年的成长应包括知识技能的学习和社会知识的培养两个部分。学校教育只注重知识技能的学习，而社会能力的培养几乎没有课时，因此只能空提口号。我们的教师，他们仅仅在教学上是合格的。在学生教育上，只有那些真正爱学生、讲师德的教师，在不断地从实践中学习总结教育学生的方法，而相当一部分教师对学生的教育是随意的、情绪化的，甚至是伤害学生的。儿童、青少年发展心理咨询很重要的一个任务就是给他们补上社会能力培养这一课。

心理疗法

（1）与咨询师之间建立良好的互动关系。心理医生绝对为隐私问题保密，所以你的坦然相告有利于医生做出诊断和提供帮助。相互信任尊重的咨询关系是成功的开始，两个人解决一个人的问题是有益的。

（2）把咨询师看做是一个特别亲密的朋友。心理问题大多有情感上的倾诉，这是"病人"和医生的共同愿望，一点儿也不矛盾，因此，面对心理医生，尽可能敞开心扉。

（3）建立心理咨询的时间观念。"病来如山倒，病去如抽丝。"心理问题是各种原因长久"积蓄"的结果，解决它需要时间和过程，更需要病人的耐心和努力，急于求成的态度万万取不得。

（4）"有问必答"比"拐弯抹角"更利于沟通。一些求医者往往存在某种顾虑，有的儿童、青少年说到一半时忽然又后悔了，却改变了主题；有些儿童、青少年因怕露丑、害羞等原因不肯说关键的问题，这都不利于达到医治心病的目的。对咨询师的提问最好是有问必答，使咨询师的分析、判断更准确。

（5）不要期望咨询师为你拿主意，"决策"什么具体问题，他们能做的事情是帮助你澄清事实，分析利弊，开阔和转变思路，疏导一些不良情绪，以心理学方法帮助你发现自己的优势和潜能，体现自我的成长。

（6）咨询者主动参与至关重要。心理咨询的终极目的是助人自助，使"病人"将不愉快的经历当做自我成长的良机，认真反省，总结经验教训，从危机中看到生机，从困难中看到希望，增强生活智慧，利用现有条件，充分发挥自身能力，实现自我价值。

父母能做些什么

"没有教不好的孩子,只有不会教的父母。"孩子不好,父母未必要负全部的责任,因为可能还有来自社会各方面的错误引导。但是,父母至少应该负大部分的责任。孩子出生后,就像是一纸白纸,父母就仿佛一支墨笔描绘着孩子的将来。

很多父母抱怨,孩子是越大越不听话。是啊,这些父母不知,他们的孩子已进入青春期。进入青春期的孩子的确不那么听话,他们开始独立思考,开始筛选大人说的话,但由于孩子涉世不深,这种筛选过程难免失之偏颇。不少父母困惑,怎样才能使孩子顺利地度过青春期呢?

走进孩子的世界,前提是了解孩子。首先,要了解孩子的生理变化。孩子上中学后,身高明显增加,性机能日趋成熟,男女生都会出现第二性特征。此时的父母应帮助孩子正确认识和接纳自己的生理变化,珍惜自己的性特征。另外,孩子的大脑和神经逐渐发育,情绪易波动,感情十分脆弱,此时需要父母的配合、适时的引导和帮助。

要了解孩子的心理变化。孩子进入初中后,开始有了成人感,希望别人把他们当成大人看待,自我意识有了明显的发展,思维的独立性和批判性也显著发展起来,但实际能力很弱,仍带一些片面性和表面性。开始意识到两性的关系，萌发着性爱和恋爱的需求；人际关系逐渐频繁，渴望找到与自己思想、感情、兴趣爱好相投的朋友，但不善于把感情与理智结合起来。这就需要父母的指导帮助，父母要经常与孩子沟通思想，了解了孩子，才能走入孩子的世界。

做孩子的知心朋友。如何才能成为孩子的知心朋友呢？

要端正自己的心态，平等待之。很多父母的"家长意识"很强，希望孩子服从他们的意愿。虽然他们尽量给予孩子物质上的满足，但孩子仍然"不听话"，因为他们忽视了孩子心灵上的需求。孩子希望父母尊重他们的人格与意志，希望父母与他们交流思想。可有的父母说，我总是在与孩子进行交谈，可为什么不奏效呢？原来，这些家长忽视了交谈过程中的一个环节，即语言方式。孩子从父母与他们商量的口气中体验到自己的人格价值所在，孩子就乐意向父母敞开心灵之扉，父母若强行他们必须这么样，他们会在当时听进去，过后就会一股脑地抛在脑后。

不要回避谈性知识。有很多父母对孩子触及到性问题时避而不答。其实，这种因封闭而造成的神秘感反而会引起孩子更强的好奇心，甚至有可能产生越轨的行为。针对孩子曾提出过的性知识问题，则应从人类进化的生理角度，从婚姻的基础、人生价值实现的角度去阐述。既淡化了孩子的好奇心，又帮助孩子树立了正确的人生观和世界观。

要熟悉孩子的爱好，要能谈出孩子熟悉并很想了解的话题，进而拓展开来，引导深化。平静下来后平视孩子，发现孩子身上却有很多你平常没注意的闪光点。当你换位思考时，发现孩子的心灵深处是孤独的。孩子没有说心里话的朋友，在父母面前要么点头，要么不吭声。是不是孩子也苦于不被父母理解呢？

指导孩子正确处理人际关系。21世纪的人才标准之一就是要有协作精神。而进入青春期的孩子大多数是"特保儿"，家庭的特殊地位滋长了孩子孤傲自私的性格，势必会影响今后的发展前途。所以，父母一定要指导孩子正确处理人际关系。首先要教孩子学会做人,即做一个在利益冲突面前能先替他人着想的人。孩子心中最重要的人是父母,这就要培养孩子遇事替父母着想的习惯,只有能替父母着想的人在外才可能替别人着想。其次,要给孩子一个开放的空间。鼓励孩子与同学交往,团结互助,舍得让孩子"吃亏"。当然,也要培养孩子批判性思维心理,学会说"不"。当落后的学生对孩子发出不正当邀请时,孩子要有分辨是非的能力,并且有巧妙拒绝的能力。

帮助孩子建立自信心,要善于培养孩子的自尊心。有些父母常当众羞辱孩子,这是万万做不得的。孩子一旦无廉耻之心,十头牛都拉不回来,父母的教育会更显得苍白无力,孩子也就会自暴自弃。要让孩子认识自己的能力。要让孩子在父母的认可及赞赏的快乐中认识到自己的能力,增强自信心。要培养孩子的责任感。适当地布置孩子一点工作,让孩子承担一定的责任,虽然有了压力,却会让孩子体验到被尊重、被重视、被认可的快乐,其心理语言是"我行,我能行"。信心增强了,责任感增强了,能力也会在干中提高。

综上所述,孩子进入青春期,不仅需要父母物质上给予帮助,更需要父母在精神方面给予鼓励,在心理上得到父母的理解与支持。这就要求父母掌握一点心理学和教育学方面的知识,倘若能在孩子的青春期为孩子的人生观和世界观方面奠定良好的基础,将会对孩子的终身产生极大的影响。

心理疗法

(1)亲自给孩子讲解,这也是为什么人们常常认为从一个孩子的行为上能反映出父母素质来。父母给孩子讲解的时候,应该注意逻辑。父母有不确定的地方不应该忽略或含糊而过,而应该明确告诉孩子:"这

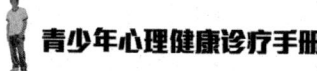

个地方我也不懂,等查了书再告诉你好吗?"父母也可以干脆带孩子去图书馆,让孩子目睹自己是怎样从浩如烟海的书籍或数据库中查询到自己需要的信息的。

(2)培养孩子看书的兴趣和习惯,世界是很大的,这也可以教育孩子不要妄自尊大。

(3)告诉孩子目标是什么,在做一件事情之前让孩子明确行动的目的,并且对可能采用的方式做一些暗示。但是在普通的事情上不要告诉孩子"你必须、你应该如何去做"。举个例子:把一个皮球放在十米之外,让孩子自己去取。至于孩子是直接走过去取,还是绕一个大圈子去取,那是他自己的事情。孩子会慢慢有能力判断用什么办法取球对他来说是最好的。

(4)教育孩子表达思想感情。要让孩子至少掌握一种表达方式。有的人认为表达情感的方式只有写作或谈话,实际上远非如此。表达情感不仅仅是指你传递给别人的信息,而更应该是在你心情堵塞或充盈情感时找到依托的事情将它释放出来。

(5)经常与孩子出去旅行。中国的父母周末多半用来打扫卫生或者待在家里纯粹休息,而孩子则被关在房间里看书、写作业或者补习功课,事实上这样并不好。周末两天可以进行短途旅行,比如骑车去郊区拍照片、写生,或者纯粹的野餐,都对孩子有好处,并且能加强父母与孩子的沟通。经常出门的孩子会比常年局限于一个小地方的孩子视野更开阔,并且由于能在外接触形形色色的人和物,有助于孩子较早形成独立的见解,而且不大容易有偶像崇拜情结。

父母要管理好自己的情绪

情绪在亲子的关系中扮演着很重要的角色。父母良好的情绪状态有利于建立良好的亲子关系，使父母对孩子的教育更为顺利。所以，要想教育好自己的孩子，改变孩子的不良行为和做法，父母首先要调整以及全面了解自己的一些负面情绪，如失望、生气、厌烦，等等。

做父母的一定要管理好自己的情绪，不管你心理有多大的压力和不快，当你踏进你的家门时，你都要尽量给家庭一个和蔼的笑脸，要知道你的情绪很可能会影响到你的孩子，你的坏心情会使孩子的心情也变坏。你想把你的孩子塑造成什么样的人，父母就必须努力使自己成为什么样的人，千万不能以很高的标准要求孩子而自己却做不到。如果父母现在做得很好，等孩子长大后，你们的孩子就是一个健康、活泼、懂事的阳光孩子。让孩子有一个好的心态，将来就会应对人生的各种各样的变化，也就会走好他们自己人生的道路。

教育孩子是一项特殊的工作，它面对的是有思想，有个性，但思想和个性又不成熟的孩子。当发现孩子身上有问题的时候，父母难免会产生各种各样的情绪：或伤心叹气，或大发雷霆，或讽刺抱怨。德国军队曾有过一条纪律：当内部发生冲突时，当天谁也不许谈论这件事，等到了第二天再说。早晨起来，大家的火气就小多了，头脑冷静了，也许就会有冷静处理的好办法。因此，建议父母教育孩子首先控制好自己的情绪，要明白"忙人无计，怨人无智"的道理。

父母在情绪激动或愤怒时教训孩子，可能对孩子语言不理智，或容易采取过于强烈的惩罚，这样一来，极大地刺伤了孩子的自尊心，使孩子不能看到自己行为的错误之处，更不想在将来纠正自己的错误，使孩子产生抵触情绪，这永远达不到教育的根本目的。情绪化的弊端在于父母错误的"子女观"，认为孩子是自己的，自己想怎么样就可以怎么样，根本没有把孩子看成是一个独立的生命。这个生命在成年之前，需要仰赖父母的养育，但绝不是父母生命的附庸。

父母把郁积心底的不良情绪在教育孩子的过程中不知不觉地、毫无理智地发泄出来，那孩子的心灵也就成了大人不良情绪的容器。这种随意发泄一旦成为习惯，家庭教育会变得越来越随意，孩子会深受其害。

心理疗法

（1）如果你发了脾气，不要太内疚。要知道无论愤怒、沮丧还是自责，甚至敌意，都是难免的，不需要刻意逃避、压制或掩饰，而是要坦诚地承认和接纳它们。如果你总觉得自己不该如此，就会更焦虑和紧张，反而不利于情绪的调节和控制。要知道，"我不该生气"也是一种不合理的观念。

（2）调整自己说话的声调，并且倾听它。说话的声调能够传达人的情绪和态度的有关信息，你不妨试着调整自己说话的声调，让它变得沉稳和友善。注意听自己用这样的语调说话，也能使自己的情绪逐渐变得稳定和愉快。

（3）控制情绪的有效要诀，就是改变自己原来的一些不合理的观点，并且用一些合理的观点来取代它。当父母采取了这样一些较合理的观点时，就容易摆脱不良情绪的困扰，对孩子的言行举止产生正向的情绪反应，从而能够采取有效措施了解孩子，给予孩子关怀和支持，为孩子提供一个好的成长环境。

（4）换换脑子。如果和孩子聊得不投机，眼看就要"踩地雷"，可以暂时打住，或者暂时离开谈话的地方，倒杯水什么的。如果不能走开，也可以试着转换一下话题，强迫自己想想其他的事情：回忆一些愉快的片断，盘算一些其他的事情，诸如明天要买什么东西，房间是不是要重新布置一下等等，使自己暂时忘掉眼前不愉快的话题。停止对不愉快话题的思考，可以暂时避免产生愤怒、处罚孩子的不合理反应。

（5）调节自己的面部和体态表情。面部表情和身体姿态既能表现人的情绪，也可以影响人的情绪。如果你感到疲倦或心情沮丧，可以面对镜子，做一些传达肯定、友善的表情和姿态，比如微笑、轻松的动作等等，也常常能让自己感到愉快，精神好起来。

（6）安静独处。给自己留出一段时间，独自安静地做些事，告诉家里人不要打扰自己。做做深呼吸，同时告诉自己"放松，放松"，或者数着自己的脉搏，对自己说："慢一些，慢一些……"

（7）放松。平时可以多做一些放松的练习，当你真正感到紧张、焦虑和有压力的时候，这些练习说不定就能派上用场。

（8）幽默。遇到挫折、沮丧的事情时，努力换个角度，用夸张的方式来想这件事情，开开自己的玩笑。收集一些滑稽的卡通图片，贴在自己随时可以见到的地方，心情不好的时候不妨看一看，或者读一些笑话，幽默有趣的事情能让自己的心情好起来。

相信这个世界上没有完美无缺的人，在孩子面前，以幽默的方式来接受自己的不完美，承认自己避免不了的错误，不仅可以让自己轻松起来，而且还能把一种坦然、放松的处世态度传达给孩子。

人吃五谷杂粮，岂无七情六欲。想要置身世外做神仙，难呀！不过，控制情绪并不是要父母压抑或掩饰自己的情绪，而是要尽量避免或减少因自己的不良情绪而产生的不适当的教育行为。

孩子不会交朋友怎么办

孩子交朋友看起来似乎是自然而然的，但是我们忽视了孩子常常需要练习才能正确地结交朋友，而且尽管人们过去相信，孩子直到上学的年纪才会开始发展真正的友谊，现在的研究却表明，孩子发展亲密的关系最早可以从1岁开始。等孩子到了3～4岁，建立这样的亲密关系对他们的自信是非常重要的，而且这样的关系会让孩子在学校的最初几年感觉很自在，这是他们非常需要的。大多数家庭的台历上会有孩子约小伙伴一起玩的日子的标记，这也就没什么可奇怪的了。

现如今，"人际关系"技能已被列为孩子的基本智商之一。正像菲律宾大学临床儿童心理学家马·劳迪斯·卡兰丹所说的那样："一个社交能力低下的孩子比没有进过大学的孩子具有更大的缺陷。"

心理学家勒纳·屠阿说，我们应该从最普通的基础开始，也就是说，要从最基本的开始教起。孩子常常模仿着他们看到的社交习惯和方式。当中，他们最容易学到的就是父母在家里接待来访者的习惯和方式，所以，父母要时刻注意自己的社交方式。孩子听父母讲话时会不耐烦，有时候会打断父母的谈话，让父母分享他的看法，这是很正常的。和孩子谈话时，父母应该采用轮流讲话的方式，要多听他们讲话，而不是向他们训话。

餐桌应该说是父母与孩子交流的好地方，父母应尽量讲一些随意的话题，如"这个周末我们想干什么、准备干什么？"如果孩子没有提议，你可以提出一些建议。不过，最好还是让孩子说出自己的想法和意愿，不要把他们放在旁观者或附和者的位置上，让他们也能参与到当中，享受被重视的乐趣。

新加坡心理健康博士特丽·萨佛格说："笑话会点燃孩子的说话兴趣和欢快的心情，使其无拘无束。总之，应允许孩子谈论他们喜欢的任何事物，这就是在鼓励孩子的创造力和口头表达能力。"父母也可以和孩子多谈谈关于感觉的话题，孩子在交谈中常想把自己的感觉讲出来，父母也应该经常把自己的真情实感讲给孩子听。

更重要的是，千万不要忽视孩子的害羞现象，这是他们交朋友的巨大障碍。非常严肃的父母常使害羞的孩子说话结巴，更加胆怯。这时父母如果强行纠正，孩子的结巴会愈演愈烈。父母的不断唠叨或用高压手段纠正孩子的害羞行为，只会使孩子更加恐慌和惧怕。其实，任何威胁行为，如责骂、讽刺、挖苦或唠叨，不仅不会对孩子的害羞心理有丝毫的帮助，而且还会使孩子更加退缩，以至于让孩子从害羞转入严重的心理障碍。

要让孩子在同伴中放松自己。先让他们认识的一些人，或请几个他们可信赖的人——友善的邻居、愿意帮助人的叔叔，尤其是孩子的朋友，请他们慢慢接近自己的孩子。总之，父母应该给孩子创造更多的机会。

如果要参加一次钢琴演奏，孩子可能会提前好几周开始练习，这会使孩子增强自信。但很多父母忽略给孩子参加大型邀请赛的实践机会，他们不知道这样的机会将深深刻在孩子的脑海里。

给孩子自己担当角色的机会是非常重要的。专家称这样的机会就像钢琴上的任何一个琴键，会奏出美妙的音响。如果你的孩子想去参加一次活动，比如出席一个婚礼，父母应该告诉他婚礼的一般程序及其"剧情"，允许孩子参加。

打扮和衣着也不容忽视。卢里方博士说："衣着十分重要。如果自己的孩子衣着不整洁，其他孩子会注意到，甚至会说三道四。这将影响到孩子的自信。"还有一个十分重要的注意事项，就是马尼拉儿童心理学家马·劳迪斯·卡兰丹特别告诫说："在教孩子如何交流时，不要改变孩子的基本个性，也不要刻意追求让孩子具备十分优秀的社交能力。如果他只有一两个无拘无束的朋友，那也很好。"

最重要的是孩子与朋友能够很好地交流，如何获得更多的朋友，这是父母应该注意的问题。

首先，应该让孩子树立与人交往的勇气。有的孩子可能会因为自卑，又或者是害怕在朋友面前暴露自己，所以产生了一种交往的恐惧心理。这种情况很可能是由于自我期望太高造成的，解决的方法应该是让孩子重新去认识自己，给自己定位。凭什么说自己比别人差呢？即使某些方面有所欠缺，那又能说明什么？要相信自己，在交往中学会保护自己，有时暴露一些缺点反而会让别人觉得你更加亲切、可爱。

其次，人与人之间的交流方式是多种的。我们习惯于把交流局限在言语方面，无论口头语言还是书面语言确实都在信息交流中占据了很重要的位置。但是，一个眼神，一个微笑，一个手势，这些极简单的肢体语言往往也是不容忽视的，这些微笑的环节往往能给人最生动和深刻的印象。

我们为什么会那么在乎有些人的虚伪，就是因为他们常常带着人皮面具，让人感到自身受到了威胁。如果对方能从你的表情、动作中感受到你的真诚与热情，他们也会乐于开放自己的。

再次，交往是双方的事情，存在着相互适应的问题。单纯地自己去迎合别人或者要求别人对自己千依百顺，都不会获得真正的友谊。我们只能

尽力去对别人更好，例如，对人热情友好，树立信任感，以己度人，设身处地为别人着想等等。同时，又要有自己的个性，让人真正感受到你的人格魅力，问题的关键还是在于理解与信任。

最后，人与人的交往并不是越近越好。"距离产生美"，保留一定的心理距离，也等于给对方和自己一个可想象的空间。每个人都有自己的心理敏感区，即使是好朋友，随便入侵也是不受欢迎的。知道别人需要什么，你能帮上什么就可以了。

心理疗法

（1）鼓励孩子要大胆交往，父母适度的提醒、节制是必要的。但是，必须看到朋友对孩子发展不可或缺，限制过多往往会得不偿失。所以，父母应该鼓励孩子大胆交往，特别引导孩子为弥补个人缺陷而交往，这对孩子来说是一种挑战的机会，这样会给孩子带来突破性和均衡性的发展。

（2）欢迎孩子带朋友回家。如果你家里装修得富丽堂皇，又打扫得一尘不染，而几个调皮的孩子撞入你的家门，你会欢迎他们进来吗？如果你这么做了，家虽然被搞乱了，却成为了孩子们的天堂；如果你拒绝了孩子们，哪怕稍有不悦，敏感的小精灵们都可能敬而远之。你一定明白，两种态度必然会有不同的结果。毫无疑问，让孩子拥有伙伴并快乐地生活，比房间的整洁漂亮重要上万倍！

（3）允许孩子有异性朋友。男孩和女孩的交往的确需要关注与指导，但是孩子们是需要有和异性相处经验的，因为社会本身就是由男人和女人组成的，迟早都要面对，况且孩子长大以后哪个不面对恋爱、婚姻等诸多问题，因此强制不如疏导，回避不如面对。要做开明的父母。当然，这里所说的朋友是真正意义上的朋友。

（4）鼓励孩子出去玩。请父母、朋友回忆一下自己的童年吧，你一定会悟出一个生活经验，那就是大部分人是在户外活动中结识的好朋友，许多难忘的友谊也是在户外活动中产生的。

我们可以确信无疑地说，是否拥有朋友是孩子能否健康成长的关键因素之一。关心孩子就一定要关心他们的交友，帮助孩子就一定要帮助孩子的交友。一个好朋友的影响力等于或者超过一个好的老师。

孩子有逆反心理怎么办

经常听到一些家长抱怨:"现在的孩子,生活条件越来越好,可是脾气越来越犟,总是不听话,跟你对着干,这到底是怎么回事?"其实这就是由于对孩子过分呵护而产生的逆反心理。

所谓逆反心理并不是一种异常的现象,它是由于父母与孩子之间的价值观不一致而产生的心理过程。一般来说,孩子在生长发育过程中会有两个逆反时期,一是在孩子3~4岁的时候,由于孩子自我意识的发展,说话、运动、认识事物能力的发展,他们会感到有些事情自己可以做了,所以有时候会与父母的观点产生冲突;第二个逆反时期是在青春期前后,逆反心理如不正确引导和对待,对孩子的健康成长危害很大,不但不利于其身心健康,久之会导致病态;还会不利于其改善和协调人际的关系,容易把自己孤立起来;也不利于其成长进步,重者会酿成严重的后果。

父母在教育孩子时,常遇到这样的情况:你让孩子做这,他们偏做那。你让孩子这样做,他们偏那样做。有时还和你顶嘴、闹别扭。这就是心理学所说的逆反心理的反映。那么,孩子的逆反心理是如何产生的呢?

父母的教育方法不当是孩子产生逆反心理的主要原因。父母在教育孩子时，挫伤孩子的求知欲和好奇心，很容易引起孩子的逆反心理；父母越是不想让孩子知道的事情，他们也就越感兴趣。采取"封锁"的教育，很容易引起孩子的逆反心理；父母在教育孩子时，必须尊重孩子的人格，避免讽刺、殴打等做法，否则会伤害孩子自尊心，从而使孩子产生对抗情绪。父母缺乏心理学知识、遇事"婆婆嘴"，也会引起孩子的逆反心理；父母在教育孩子时，高高在上，摆父母架子，遇事唠叨，孩子做错一件事，就说一切都做不好，全面否定，算旧账、揭老底等，都会引起孩子的逆反心理。父母对孩子的期望值过高，要求过严，当孩子满足不了自己的愿望时，就大发雷霆，甚至打骂孩子，这也是引发孩子逆反心理的重要原因。

在家庭教育中最常见的逆反心理有三种情形：

1．自我价值保护逆反。人的自我价值是一个热爱生活、追求生活意义的心理根基。任何一个人都不能接受自己无价值地生存在这个社会上。当一个人的自我价值受到影响和损害时，自然会进行自我价值的保护，在态度或行为上抗拒外界的劝导和说教。

2．超限逆反。超限逆反是指机体在过度接受某种刺激之后所做出的逃避反应。这也是人们出于自然本能的一种自我保护性的心理反应，因为我们任何人接受某种刺激都是有一定限度的。家庭教育中，常常是父母的苦口婆心引发了孩子强烈的超限逆反。有一些父母经常盲目地对孩子进行许多大而空的说教，这对孩子已经太熟悉了，即使你的话真的有道理，你一开口他就会感到反感，儿童、青少年均要求家长尊重他们独立的意识。

3．禁果逆反。禁果逆反心理指的是理由不充分的禁止反而会激发人们更强烈的探究欲望。众所周知，这种心理反应又被称作"潘多拉效应"。在家庭教育中，对孩子沉重的期望和担心经常会促使父母使用"禁止"武器，诱惑他们作解禁的努力。这种不顾孩子心理发展特点和情感需要的简单粗暴的做法常常会适得其反，因为孩子不是没有情感和知识的机器，绝不可能只靠简单的命令就使孩子按照父母的指令不断地"生产"出优秀的学习成绩，也更不可能成为全面发展的各类人才。

心理疗法

（1）观察沟通。就是观察孩子与自己的沟通方式。在很多时候，父母必须超脱自己的角色，从旁观者的角度观察孩子叛逆的问题，并以不同的角度对待孩子、接受孩子，做有限度的迁就。

（2）寻求他人的意见。管教孩子，有时应该寻求别人的意见，让自己的思想更开阔。

（3）保持冷静。急躁的父母应该时常提醒自己，保持冷静，并等待孩子冷静后，再进行有效的沟通。

（4）不断试验。父母管教孩子，要时常改变教育方式，孩子小时，一般只听父母讲，孩子听。上了中学后，就应尝试双向沟通，也听听孩子的建议。一旦发现某一种方法行不通，就应随时改变方法，不断试验，直至发现好的方法。

（5）开放自我。父母发现孩子的兴趣会影响功课时，不要立即禁止，最好能试着了解情况。如陪孩子去电子游戏中心，和孩子讨论他们的偶像，从旁提醒什么该学什么不该学。只有进入孩子的内心世界，才能相处得更融洽。当父母与孩子相处融洽了，孩子就不会反叛了。

（6）将心比心。父母要与孩子将心比心，相互间的关系就会融洽，孩子也就没有逆反心理了。

（7）实践体验。就是通过实践进行体验，以化解孩子的逆反心理。

（8）分析说明。父母要仔细分析孩子形成逆反心理的具体原因，并进行充分的说明，这样，孩子的逆反心理就会逐渐地消失。

总之，为了从根本上来化解孩子的逆反心理，父母必须做好与孩子的沟通工作。要做好沟通，父母必须很具体地说出不满意孩子的某种行为；应说出自己不满意的心情；不要作无谓的批语和推测；用关心的语气和孩子谈话，孩子才能感受到父母的出发点是关心自己；以问问题的方式启发孩子进行思考，要引导而非教导；父母威严地做出要求时，一定要注意语气，并说明理由。

孩子自负怎么办

儿童、青少年的认识来源于经验,生活中遭受过许多挫折和打击儿童、青少年,很少有自负的心理;而感到生活一帆风顺的儿童、青少年,则很容易养成自负的性格。现在的中学生大多是独生子女,是父母的掌上明珠,如果他们在学校又出类拔萃,老师又宠爱他们,就会养成自负的个性。

片面的自我认识会使他们缩小自己的短处,夸大自己的长处,甚至缺乏自知之明,同时又把自己的长处看得十分突出,对自己的能力评价过高,对别人的能力评价过低,自然产生自负心理。当他们只看到自己的优点,看不到自己的缺点时,往往会产生自负的个性。这样的儿童、青少年往往好大喜功,取得一点小小的成绩就认为自己了不起,成功时完全归因于自己的主观努力,失败时则完全归咎于客观条件的不合作,过分的自恋和以自我为中心,把自己的举手投足都看得那么的与众不同。

过分娇宠的家庭教育是儿童、青少年产生自负心理的第一根源。对于儿童、青少年来说,他们的自我评价首先取决于周围的人对他们的看法,家庭则是他们自我评价的第一参考系。父母宠爱、夸赞、表扬，会使他们觉得自己"相当的了不起"。

情感上的原因。有些儿童、青少年的自尊心特别强，为了保护自尊心，在交往挫折面前，常常会产生两种既相反又相通的自我保护心理。一种是自卑心理，通过自我隔绝，避免自尊心的进一步受损；另一种就是自负心理，通过自我放大，获得自卑不足的补偿。

自负的表现极为明显：过度防卫，有明显的嫉妒心。这样的儿童、青少年有很强的自尊心，当别人取得一定的成绩时，其妒忌心也就会油然而生，想法去打击别人，排斥别人；当别人失败时，幸灾乐祸，不向别人提供任何有益的信息。同时，在别人成功时，他们常用"酸葡萄心理"来维持自己的心理平衡；看不起别人，总认为自己比别人强很多，他们固执己见，唯我独尊，总是将自己的观点强加于人。在明知别人正确时，也不愿意改变自己的态度或接受别人的观点，总爱抬高自己贬低别人，把别人看得一无是处；自视过高，认为自己非常了不起，别人都不行，很少关心别人，与他人关系疏远。这样的儿童、青少年无论什么事都从自己的利益出发，从不顾及别人的感受，不求于人时，对人没有丝毫的热情，似乎人人都应为他服务，结果落得个门庭冷落。

父母应注重孩子的自负，以免对孩子的身心造成影响。父母应逐渐改变对孩子的评价方式，对孩子的评价应客观实际。孩子总是有不足的地方，父母不要因为溺爱孩子就不切实际地吹捧孩子，尤其不要在客人面前没完没了地表扬孩子，这样易形成孩子的自负心理；给孩子适当的批评，父母对孩子的表扬要适当，对孩子的批评也要恰如其分，既不能以偏概全，也不能掩耳盗铃、视而不见，而要客观地指出孩子的不足。这样可以帮助孩子正确地认识自己。让孩子养成独立生活的好习惯，给孩子创造一点儿遭遇挫折的机会，经历适当的挫折可使孩子心理机制健全，

不至于过分自负，经不起任何打击。父母要改变自己的教育观，孩子身上的缺点多半是由于成人教育方式不当所引起的，无论是孩子的自理能力差，还是孩子的意志软弱、自负心理严重，多半是父母过分溺爱、保护所导致的。

所以，父母们一定要理智地爱孩子，科学地爱孩子，让孩子多一些接触社会的机会。当他们看到外面纷繁复杂的世界，接触到比自己更优秀、更具专长的人，认识到"强中还有强中手"，就不会为自己的一点点小成绩而自负了。因此，建议父母们多带孩子出去走走，看看外面精彩的世界，而不要夜郎自大，"坐井观天"。

心理疗法

（1）与人平等相处。自负者视自己为上帝，无论在观念上还是行动上都无理地要求别人服从自己。平等相处就是要求自负者以一个普通人的身份与别人平等交往。

（2）懂得谦虚。没有一个人能够有永远骄傲的资本，因为任何一个人，即使他在某一方面的造诣很深，也不能够说他已经彻底精通，彻底研究全了。

（3）接受批评是根治自负的最佳办法。自负者的致命弱点是不愿意改变自己的态度或接受别人的观点，接受批评即是针对这一特点提出的方法。它并不是让自负者完全服从于他人，只是要求他们能够接受别人的正确观点，通过接受别人的批评，改变过去固执己见、唯我独尊的形象。

（4）提高自我认识。要全面地认识自我，既要看到自己的优点和长处，又要看到自己的缺点和不足，不可一叶障目，不见泰山，抓住一点不放，未免失之偏颇。认识自我不能孤立地去评价，应该放在社会中去考察。每个人生活在世上都有自己的独到之处，都有他人所不及的地方，同时又有不如人的地方，与人比较不能总拿自己的长处去比别人的不足，把别人看得一无是处。

（5）要以发展的眼光看待自负。既要看到自己的过去，又要看到自己的现在和将来，辉煌的过去可能标志着你过去是个英雄，但它并不代表着现在，更不预示着将来。

第二章

家长生病，孩子吃药

问题源自家庭

家庭是孩子温暖的港湾，父母是维系孩子情感最坚实的纽带。可是，当孩子被心理问题困扰、需要求助的时候，却很少有孩子选择和父母沟通。心理问题研究专家发现，能与父母做朋友的孩子，心理问题的发生率较少；而超越孩子能力的目标设计，使孩子不堪重负的父母难以与孩子进行有效的沟通，孩子就容易发生心理问题。当心理危机来临的时候，难以沟通的父母成了孩子眼中的局外人。所以，心理问题研究专家们呼吁，关注孩子的心理健康，应先从家庭入手。

孩子是每一个家庭的核心，是父母的希望所在。孩子的心理健康问题成为每一位父母面对的棘手问题，是一门值得探讨的学问。

父母与孩子之间由于种种原因造成不同的冲突，也许是父母望子成龙、望女成凤的急切心情所致，可你们是否考虑到孩子，当冲突出现时，父母甚至还无动于衷，根本没有意识到孩子的感受和想法。

保护的冲突。如今，大多数的家庭都只有一个孩子，很多父母视孩子为"掌上明珠"，生怕他们受到一点点的伤害。因此，孩子的很多事情，包括很多他们力所能及的，都由父母代劳了。由此而产生的问题接踵而至，父母对孩子进行过度的保护，结果只能是带来孩子的无能。因为父母剥夺了孩子自己动手做事情的机会，他们的能力不能有效地得到锻炼，一离开家什么都不会，简直无法生存。父母对孩子该放手时就要放手，别替他们做太多的事情。父母不能代替孩子的成长，孩子的责任还得由他们自己去承担。

期望的冲突。孩子也许因几分之差而未能如愿以偿地考上理想的学府，可最后却选择了自杀，让人心痛不已。当今社会竞争激烈，很多父母对子女的未来有着强烈的危机意识，于是一心想让他们出人头地，由此而对他们产生过高的期望。殊不知，父母对孩子过高的期望，最终带来的只能是孩子的无望。诚然，父母对孩子是应该有一定的期望，但这个期望应该有个度，要能够让他们承受得起。否则，在父母过高期望的重压之下，孩子的心态极有可能崩溃，后果不堪设想，到时候再后悔就来不及了。所以，父母应该给孩子留点自主成长的空间，不要给他们提过高的期望。

评价的冲突。对于孩子取得的成绩，不管多么优异，父母大多都不会表扬，而是对他们说："你还可以做得更好的。"我们经常能听到来自父母的这样的声音："你怎么才考了80分，人家都考了100分"，"人家当大队长，你才当个小队长！"一项调查显示，有54.67%的孩子希望自己的爸妈别老说别人家的孩子比自己强，而父母在跟孩子交谈时，最爱说的三句话分别是："听话"、"好好学习"、"没出息！"父母对孩子的指责过多，带来的是孩子的无措。孩子不想在否定中成长，他们需要喝彩，需要激励。这就需要父母用爱的眼睛去发现孩子，给孩子以肯定和鼓舞，这样他们学习、做事才有积极性，才会一步步地成长起来。

爱的冲突。父母对孩子的溺爱，最后换来的是孩子的无情。难道孩子天生就是无情的吗？不是。"人之初，性本善。""苟不教，性乃迁。"主要原因是因为父母的教育方法不对，存在着种种的溺爱问题，所以造成了孩子的过分自私，表现出无情的举动。父母要将"对孩子的施爱"转换成"在乎孩子的爱"，让孩子学会去关爱他人，关爱社会。

交往的冲突。为了让孩子朝自己设定的方向发展，父母习惯于一天到晚不停地对他们进行唠叨。父母过多地干涉孩子是不正确的，特别是对处在青春期的孩子，他们有着一定的逆反心理，如果处理得不好，就会很容易引发冲突。其实，父母应当将对孩子喋喋不休的唠叨转换成积极的忠告，让孩子和自己成为无话不说的知心朋友，将自己的人生经验适时、简练地告诉给他们，这比什么都强。

心理疗法

（1）在家庭中分享控制权，促进孩子的自主性和自我管理能力。孩子要成为一个自主的人，一个具备自我监督、自我管理的强大内在发展动力和能力的人，的确有赖于父母的协助。父母应有意识地创造机会，让孩子在日常生活中拥有更多自己的选择权。

（2）以一颗宽容博爱之心善待自己的孩子。让孩子学会宽容，懂得宽容，父母首先要对孩子宽容，这种宽容并不是所说的纵容，而是父母对孩子的理解、关爱、尊重和情感支持。

（3）鼓励孩子的问题意识，拓宽孩子的思路。

（4）公平、公正地对待孩子，并用这种公正的意识去感染和引领孩子人格的健康成长。在培养孩子"公平、公正"等行为的过程中，父母要充分运用自然的奖励，让孩子的行为在自然后果中得到奖励，而不要过分依赖人为的奖励，否则会弱化孩子发展的内在动力。

（5）和孩子之间展开辩论。父母与孩子之间的辩论，冲击力强，语速快，双方思维敏捷，情绪高涨，其特有的挑战性实为家庭教育环境中不可多得的契机，会让孩子从更多的角度去思考同一个问题，学会自己挖掘事物的意义和价值。

没有不称职的孩子，只有不称职的父母

古人说："养不教，父之过。"当孩子从出生到这个世界上的第一天起，父母就责无旁贷地担当起孩子老师这个角色，而且这个身份将伴随着父母一辈子，没有退休的时候。因为孩子从小到大和父母朝夕相处，所以父母的性格、志趣、习惯及言行举止都会直接影响到对孩子的教育，这就要求父母们要不断提高自身的思想修养和知识水平，才能顺应潮流，更好地教育孩子。尤其是在知识经济的现代社会，如果父母的素质不高，不会教育孩子，不但会耽误孩子的前程，而且自己也会被这个时代所淘汰。

不要总是抱怨孩子怎么怎么样，作为孩子的父母，你为他们做了什么？不要认为你有爱就什么都有了，你们考虑过爱的方式和方法吗？一个人的社会价值观、生活方式、个性、脾气都是在家庭养成的，家庭教育是一个孩子能否成才的最关键因素，因此，根本就没有不称职的孩子，只有不称职的父母，作为孩子的父母，你做好准备了吗？

我们的世界因有了孩子才了有了生机，孩子不仅是每个家庭的希望，也是国家的希望，孩子的培养是一个系统工程，这个工程需要父母付出无限的爱……

人们都说现在的孩子怎样的骄横、怎样的冷漠、怎样的懒惰，其实根

源都在于父母,想想父母真的为孩子做了些什么?所有的责任难道都能推到孩子身上吗?父母是否尽到了教育孩子的职责?父母是否学习了教育?是否了解自己的孩子?是否懂得如何教育?是否懂得探索孩子的心理?自己的孩子是否愿意与你交流思想?

做父母的就应该共同克服自己的缺点,真正把孩子放在第一位,让他们时刻感受到父母是最爱他们的人,让自己的孩子在温暖的爱中健康成长!

毫无疑问,要提高孩子的素质,首先要提高父母的素质,这种"前素质教育"是教孩子成功的关键。一般来说,父母的教育素质包括教育观念、教育方式和教育能力三大要素,具体可以归纳为五个元素,即现代的教育理念、科学的教育方法、健康的心理、良好的生活方式、平等和谐的亲子关系。

现代的教育观念是父母教育素质的核心,对家庭教育的目标、方向以及父母的教育行为起着制约和指导作用,也是影响家庭教育质量的决定因素。教育观念至少包含儿童观、亲子观、人才观、教子观等方面。儿童观,即父母对孩子的本身及其发展的认识,孩子是要走向成熟的人,是终将独立的人;亲子观,即父母对孩子与自己关系的基本看法,两代人可以相互学习、共同成长;人才观,即父母对人才价值的理解,选择最适合孩子自己的路是成功的根本;教子观,即父母对自身、对孩子发展的影响力和本身能力的认识,父母应把人格教育视为家庭教育的核心。

科学的教育方法是教育观念和教育行为的综合体现,并直接关系到孩子在家庭中所受教育的效果。最重要的教育方法是:教育孩子的前提是了解孩子,了解孩子的前提是尊重孩子,从培养孩子的良好习惯做起,父母身教重于言教,让孩子在体验中和群体中长大。

健康的心理是指只有父母的心理健康了,才会给孩子带来积极的影响。不论在什么情况下,父母在以身示范的前提之下,引导孩子力求做到认识自己、控制自己、悦纳自己，而这正是孩子心理健康的重要标准。这就要求父母要有自知之明，由自知而自信变自强，不因成功得意忘形，也不因失败惊慌失措，始终保持乐观向上的稳定情绪，这将使孩子终生受益匪浅。

良好的生活方式是保证孩子健康成长的基石。每个人都是环境的产物，"近朱者赤，近墨者黑"，一切都是从童年开始的。教育就是培养习惯，有良好的生活方式才能养成良好的习惯，而良好的习惯才是真正的素质。在养成良好的生活方式方面，父母的榜样作用是很重要的，不要忽视榜样的作用。

平等和谐的亲子关系是家庭教育成功的必备条件。没有平等，培养不出现代儿童；没有和谐，建设不成民主家庭。因此，父母不仅应尊重儿童的权利，还要善于发现孩子的独特个性，真诚地学习孩子身上的优点，使教育过程充满理智之爱。

对孩子的教育大致分为：思想教育、心理教育、生理教育、行为教育。父母在各方面都要身体力行，为孩子树立良好的榜样，而不是一味地树立威信；要与孩子形成良好的关系，力争成为孩子的朋友而不是威严的长辈；缩短与孩子之间的距离，令孩子与你无话不说，坦然相对。只有这样，家长才能及时了解孩子的心理和生理的变化，对他们可能产生的错误言行及时加以纠正，避免他们出现烦躁的感觉。

心理方法

（1）要多反省自己，少批评孩子。"人非圣贤，孰能无过。"大人尚且如此，更何况是孩子。孩子在成长中难免会犯一些错误，父母不能冷起面孔，一味地训斥，甚至打骂。要冷静地用宽阔深邃的眼力和长远的观点来分析问题、解决问题，要看到孩子的现在，而不要一直盯着过去，应该要多给予孩子鼓励和肯定，同时要注意反省自我，检查是否问题出在自己的身上，然后注意用自己的言行给孩子施加积极的影响，动之以情，晓之以理，让孩子心悦诚服，真正做孩子的良师益友。

（2）做孩子的朋友，能听到孩子的心里话。孩子成长的过程中，总会遇到一些这样或那样的问题，因为涉世不深，缺乏判断力，难免会迷茫、困惑、痛苦和彷徨，这时候，他们不仅需要父母的疼爱、呵护，更渴求父母的理解与支持。做孩子永远的朋友，学会聆听孩子的心声，分享他们的快乐，分担他们的痛苦，做一盏导航的明灯。

（3）着重塑造孩子性格，只要孩子尽了力就行了。在很多父母的眼里，孩子的成绩简直就是父母的命根。其实，孩子在成长过程中，最重要的是要教育孩子成为一个什么样的人。如果一个孩子没有优秀的品德，即使有满腹经纶，长大后也不会给生活带来幸福。当然，成绩好固然令人欣喜，但真要是成绩不理想时，也不要让孩子勉为其难。

（4）努力为孩子营造好的学习生活环境。家庭是孩子的第一所学校，所以家庭环境对子女的成长尤为重要。我国自古就有"择邻而居"的主张。"孟母三迁"的故事就一直在警示着人们：环境对孩子成才的重要性。

古人尚且能精心育才，处在信息时代的我们这些父母们，难道不是更有条件为孩子创造一个良好的环境吗？

（5）不断提高知识层次，以适应教育孩子的需要。老师要给学生一碗水，自己须有一桶水。这就是说，老师的知识一定要非常渊博才能教育好学生。其实，做父母的也未尝不是如此呢？父母文化程度与孩子的学习成绩有着密切的关系。父母想要辅导好孩子，更好地教育孩子，就应该不断地学习更多、更新知识，获得更好的教学方法和教学理念。文化程度较低的父母，则可以通过认真刻苦的学习态度去感染和促进孩子的学习。

做父母要言传身教

作为父母,在生活中有很多成功的欢乐,但也有不少值得深思的问题,需要时刻检讨自己在孩子面前的表现。比如,有时候孩子会顶嘴,让人气得不行;有时候会做出一些古怪的动作,让父母感到匪夷所思;而平时没有养成良好的学习习惯,更让父母操心不已。在我们感到吃惊、愤怒、沮丧的同时,如果能更多地检查一下自己,就会找到许多自己在言传身教方面的影子。

我国古代的圣贤们认为,"人之初,性本善;性相近,习相远",所以说后天的教育变得越来越重要。古希腊的先哲们认为人生来就是愚昧的,需要通过掌握知识才能消除,因此需要求知。父母对教育的重视与否,也许会直接关系到孩子今后的发展。父母是孩子最初仿效的榜样,了解知识的来源之一。善于诱导提升孩子的学习与生活乃至思想,耐心帮助孩子解决各种问题,重视孩子的各种想法,这本身就是言传身教的重要内容。

打开孩子通向未来成功之门,父母要言传身教,自然少不了要与孩子多接触。要求孩子做到的,自己首先要做到,即使自己做不到,也要说明其原因。现如今大部分父母工作很忙,要么把孩子交给祖父母或外祖父母,与孩子交流的机会越来越少,自然而然教育起来就比较困难。有的父母即使有时间,也喜欢把时间留给自己,让自己丰富的人生阅历和知识失去了许多言传身教的好时机,等到发现问题准备纠正时,往往要花双倍的时间。

父母的言传身教,也许需要少一点功利,多一份准备。由于应试教育这根指挥棒的作用,使大多数孩子背上了沉重的课业负担,而素质教育的误区又使不少父母拼命让孩子上各种各样的兴趣班。在家里的空间,是孩子完成学校作业后继续学习的天地,更是与父母交流进一步开阔视野的地方。孩子未来会是什么样,你设想自己的孩子会成为什么样,也许有时候你会问孩子对什么感兴趣,但更重要的或许还是良好习惯的形成,包括正确的学习和生活习惯以及思维方式,这样就会为其今后的学习生活打下良好基础。

就孩子而言,其控制能力不可能很强,需要父母通过言传身教式的督促,不断培养正确的行为规范,但也要保持孩子在成长阶段所需要的童心,克服父母的老气横秋。也正是孩子身上的这种童心般的镜子,使父母感知到自己在言传身教过程中需要不断改进教育的不足之处,促使大家一起进步。当然,这里面也要讲究科学,尽量多做出表率。

心理疗法

(1)做父母的要言传身教、以身作则。父母的一言一行不仅影响着孩子的一朝一夕,有时还可能影响到孩子的一生。在诸如待人接物、工作学习、言谈举止等方面,父母在孩子们面前应该适当地约束自己,努力给孩子做出好的榜样。如果说在孩子面前我们的行动受到"约束"的话,也是不过分的。所以,几乎对孩子所有教育的问题上,做父母的都做出了榜样,因而在孩子面前说话也变得很具有说服力。

（2）父母合作，步调一致。望子成龙、望女成凤，是父母双方的共同愿望，当一方批评完孩子之后，另一方要做善后工作，着重教育孩子理解父母的良苦用心和所说的道理，防止逆反心里的产生。这就是俗话所说的一唱一和。这才叫目标相同、互相配合、步调一致；这样才算是一个完整的、良好的教育过程。

（3）掌握原则，注意方法。为了达到教育孩子的目的，必须掌握一定的原则。没有原则，就没有尺度，没有规范，好的方法也不会有好的效果。光有原则，没有一定的方法同样也会降低教育效果，原则和方法是相辅相成、密不可分的。教育孩子要遵循"不同时期，有所侧重，坚持经常，持之以恒"的原则；父母对孩子说话一定要算数，许诺一定要兑现，要言而有信；严格要求，奖罚有度，不能因自己的情绪影响教育孩子的程度；教育孩子形式要多样，方法要灵活，要注重效果。

（4）要尊重孩子的人格。父母与孩子之间是长幼关系，也是平等关系。因此，对孩子的合理要求尽量满足，不能满足的，要实事求是地向孩子说清楚。对孩子的同学要热情，不能冷淡。不要在孩子的同学面前批评孩子，有时为了孩子与同学们在一起自由一些，甚至父母应该躲出去。对于他们同学间的不值得提倡的言行，也一律等孩子的同学走后单独与孩子探讨和沟通。

（5）要特别注重思想品德教育。因为做父母的对孩子的身体、学习一般是不会忽视的，而有很多父母，特别是现在独生子女的父母，往往忽视孩子思想品德的培养和教育。对孩子进行思想品德教育，使他们培养热爱劳动的习惯、艰苦朴素的精神和较好的道德品质，在他们成长的道路上会起到重要作用。

家庭对孩子心理素质的影响

心理学家认为，儿童、青少年时期的心理健康是一生心理健康的基础。为此，加强儿童、青少年心理健康，让他们带着快乐的心情健康成长，不仅是父母关心的事情，更是全社会关心的问题。

家庭环境是指家庭的物质生活条件、社会地位、家庭成员之间的关系，以及家庭成员的语言、行为及感情的总和。心理素质是指人们的感觉、知觉、记忆、思维、意志、兴趣、性格和能力的先天具有和后天形成的内部诸多要素的总和。一般认为家庭环境只是成员结构、生活水准、居住条件、父母职业等。

其实，家庭环境应包括实物环境、语言环境、心理环境和人际环境。实物环境是指家庭中实物的摆设；语言环境是指家庭中人与人的语言是否文明有礼，民主平等，商量谅解；人际环境是指尊老爱幼，幼尊老，各尽其责等品格；心理环境是指父母与孩子之间的态度及情感交流的状态。毋庸置疑，家庭环境的好坏直接影响儿童、青少年的心理健康。

家庭是孩子出生的摇篮，作为社会细胞的家庭，是儿童、青少年心理素质形成的最重要的场所。家庭是人生的奠基石，家庭环境对儿童、青少年心理素质的形成和发展的影响是长远和深刻的。因此，建立良好的家庭环境是儿童、青少年身心健康发展，形成良好心理素质的重要保证。在儿童、青少年心理素质的形成和发展中，家庭环境影响是多侧面的、多层次的。

良好的家庭情绪氛围是良好心理素质形成的前提。家庭的情绪氛围是指家庭中占优势的一般态度和感受。它是通过语言和人际氛围构成的。这种氛围直接影响着家庭中每个家庭成员的心理，尤其对孩子个性品格的形成特别有意义。

如有的家庭，成员之间的和谐、融洽，尽管有时发生摩擦，但在原则问题上是团结一致的，这样在总占优势的合作、谅解的氛围下，不但使孩子学会了对人的互助、合作、关爱、谅解，使孩子的思维意志、能力等得到和谐发展，而且从中可以获得安全感，形成乐于接受教育的自觉性。而在另一种家庭中，成员之间如同陌路人，争吵不休，处事自私，互相折磨，家中犹如精神监狱——这样家庭的孩子心理往往是不健全的，甚至是偏于畸形，他们对事情冷漠、偏执、不合作，甚至把家中的精神折磨迁移到别人身上发泄以求心理平衡。这样的孩子容易犯罪闹事，难于受教。因此，建立良好的家庭心理氛围是孩子良好心理素质形成和发展的前提条件。

因此，每个家庭都应大力提倡家庭美德，正确处理家庭成员的互相关系，形成良好的行为规范。如说话办事不能以势压人，要以理服人，以情感人，以样教人，要相处和睦，尊老爱幼，语言文明，努力构建家庭的融洽气氛，充分体现家庭是生活美丽的港湾，这样才有助于孩子心理素质的形成。

父母良好的教养态度是孩子良好心理素质形成的关键。父母是孩子学习的榜样，父母的教养态度和教育方法直接影响着孩子的心理和行为，孩子的良好行为习惯固然是父母教育的结果，但孩子个性的缺陷、不良的行为习惯也是父母所造成的。父母的教养态度大致可分为四类。

第一类就是过分娇宠，有求必应。父母只想着为孩子提供无所不到的帮助和保护。由于父母过分包办代替，使孩子养成极大的依赖性，也就会形成任性、放肆、自私、易发脾气、好夸口的品性。

第二类是专横的遵循封建旧规的家庭。这类家庭常常强调辈分，强调服从父母的意志，因此孩子稍有不听从就给以惩罚。在这类父母持过分严厉的教养态度下，孩子自身缺少自主权，要看父母脸色做人，这就可能形成胆小、自卑的心理，缺乏自信和独立性，或者会形成暴戾、撒谎、蛮横，逆反心理强，并总想捉弄别人，寻求报复以求得到心理上的平衡和补偿。

第三类是放任自流，不过问的教养态度。这种忽略型家庭中的孩子会因为得不到关心，得不到父母的爱而产生孤独感，逐渐会形成富于冷酷、攻击、自我显示甚至放荡的不良品质，常常会伴有情绪不安，反复无常，容易触怒，对周围事物漠不关心的心态。

第四类是以民主、平常的态度对待教育孩子。这类家庭中成员之间平等、谅解、互相关心爱护，父母能多给孩子鼓励和诱导，而对孩子的缺点、错误能恰如其分地批评指正，提高孩子的认识，改正缺点。这类家庭培养出的孩子对别人坦诚友好、自立、大方、自尊、热情，能接受批评，关心他人，有独立处事的能力。

可见，不同类型的家庭的不同教养态度对儿童、青少年个性品格、心理素质的形成的影响是不同的。年轻的父母是家庭教育的主心骨、顶梁柱，是孩子言行举止的示范者，待人接物的指导者，孩子成长的责任人，因此有责任去构建良好的家庭环境，掌握正确的教养态度和方法，使家庭呈现民主、和谐、平等的融洽气氛，才能培养孩子讲责任，讲民主、讲勤奋、讲进步，不骄不宠，自尊自强的好品格。

家庭结构的变化是影响良好心理素质的严重阻碍。近年来，由于独生子女的普遍，社会经济、文化的飞速发展，人们的价值观念的急剧变化，家庭结构也随着发生变化，表现在单亲家庭不断出现，再婚率不断上升。家庭结构的变化，父母的离异，首当其冲使儿童、青少年的心理受到伤害，家庭的破裂使儿童、青少年赖以生存的家庭乐园一下子被破坏，家庭给予儿童、青少年内心的安全感和归宿感一下子消失，伴随而来的却是失去父或母，甚至失去双亲的痛苦。

孩子成了父母的争夺对象、出气筒，或者是父母倾诉的对象或仲裁对象，有时却又成了双亲遗弃的物品，这些都给孩子心灵以极大的创伤，使孩子容易形成变态心理和怪癖性格，也很容易走上犯罪道路。他们爱亲生父母，很难与继父母相处，因此，他们或结伙离家出走，或宁可流落街头也不肯回家，甚至偷、抢、打架斗殴以发泄自己内心的情绪。这都严重阻碍着孩子健康心理的发展。

因此，父母一定要加强学习，正视离异对社会的不良影响，加强家庭观念和家庭责任意识教育，已离异的要处理好家庭成员的关系，努力建立良好的氛围，努力消除孩子的心理障碍。

由此可见，良好的家庭环境是家庭教育孩子成功的基本条件。家庭环境是孩子良好心理素质和健康成长的土壤。因此，当前开展素质教育，优化家庭教育最关键的问题是必须大力提高父母的自身素质，提高父母的责任意识，认识培养孩子健康心理的重要性，并努力克服家庭结构变化等带来的障碍，为孩子的成长创设一个良好的家庭环境。

心理疗法

（1）培养孩子健全的个性。父母不仅要关心孩子的躯体健康，更应关心孩子的心理健康，父母与孩子之间要改变传统的家庭关系，建立真诚融洽的朋友关系，使孩子深感家庭的温暖及父母的关爱。父母应提倡孩子有独立见解、有自己亲密的小伙伴，让他们的个性和谐、健康地发展。

（2）家长对子女期望要恰当、要求一定要合理。父母要根据孩子的实际情况提出合理要求，期望要恰当，不要"拔苗助长"，提过高的要求，造成孩子尽了最大努力尚远离父母提出的目标的状况。此时父母应主动调整要求。倘若孩子做错了事，父母应正视孩子所犯的错误，注意批语的时机和场合，要讲究批语的艺术性，使孩子心悦诚服。当孩子有点滴进步时，应及时鼓励，使孩子保持心情舒畅，学好功课，完成父母交给的各项任务。

（3）正确对待逆境、创造条件让孩子有宣泄的场所。挫折对每个人来讲是经常会碰到的，正确面对挫折是一个人心理健康的具体反映。孩子在紧张繁重的学习生活、纷繁复杂的人际交往中总有不尽如人意的地方，当孩子悲观、失望时，应让他们有一个宣泄的场所。让孩子们把饱含愁苦离奇的经历、各种秘密和困惑在家中得到宣泄，使孩子获得父母的同情与理解，在感情上得到一种抚慰，从而解除困惑、消除烦恼、明确方向，并更加成熟起来。

（4）家庭须形成一个心理健康的氛围。家庭是社会的细胞，也是孩子个性形成的主要外部条件。父母的文化素养、道德修养、心理品质、言行举止，均潜移默化地塑造着孩子的心灵，影响着孩子的心理。父母应具有较高的文化素养、高尚的道德品质、文明的言行举止、良好的心理品质，使家庭形成一个融洽和谐的氛围，这对塑造孩子健康心理素质是十分有益的。

"健康的心理存在于和谐的关系之中"，这是一句十分重要的话，若孩子经常置身于父母冲突的环境中，情绪苦闷、低落，会产生心理障碍，形成不良性格，进而影响孩子的成长。

孩子与家庭教育环境

　　良好的家庭环境使每一个孩子都能获得安全感，而父母的赞赏与鼓励又在不知不觉中培养着孩子的自信心，同时使孩子拥有了一定的感情积淀。而这些将对孩子的一生产生决定性的影响。反之，就会使孩子的身心健康受到伤害。

　　家庭之间的教育、包容、互爱、经济生活及文化传递总是在不知不觉中进行着。要经营一个和谐美满的家庭，父母们是不是应该注意一些常见的问题。

　　父母不仅要投入精神和热情，经营家庭的活动，创造新的气氛，而且还要经常保持欣赏的态度看待父母。如果一味地指责，反而造成诸多的隔阂与疏远。以欣赏的态度与孩子进行交流，下次犯错，要求他改正错误时才容易被接受；吹毛求疵，故意贬低和讥讽孩子，孩子的身心健康与自尊会受到严重的损害，也许还会造成沟通上的障碍。家庭沟通需要时间，父母应该多抽点时间与孩子交流，也许你会发现孩子需要你（家庭）的支持、安慰和分享。很多家庭把沟通当做谈判，那是一种错误的认识，正确的是要交换意见和理清事情的经过。家庭有了任何危机，例如：考试失败、工作不顺利、感情困扰时，要沉着应变，而不是推诿和指责。家庭中要有良好的精神寄托，促进爱心、责任和对生命的珍爱，孩子的心理危机就会得到缓解。

家庭环境包括两方面的内容，一是由家庭成员之间的关系所构成的人际环境，二是由家庭的室内装饰以及布置所形成的物化环境，一般说来，人际环境，诸如家庭和谐的关系，亲切融洽的情感与气氛，在对家庭成员的影响，尤其是孩子身心健康的影响方面，其作用是大家都深有体会的。然而，家庭的物化环境对于培养孩子良好的性格、塑造灵魂等方面也有不可忽视的作用，但在这一点上，大多数家庭还没有足够的重视。

由于人们的职业有别，文化水平不同，客观条件迥异，情趣爱好相差甚远，各个家庭的物化也没有必要千篇一律。但为了利于孩子成长，家庭物化环境应具有以下的共同点。

清洁整齐，使孩子从小养成文明的举止。家庭环境的整洁与否，通过潜移默化对孩子的影响是巨大的。因此，父母应当充分注意室内清洁，东西也应摆放得井井有条，这对孩子的良好习惯的形成大有好处。

尽量宽敞，给孩子留有尽可能多的活动空间。杂乱的摆放还会引起孩子心情浮躁，并进而妨碍其性格的正常发展。因此，父母可少购置些可有可无的家具、杂物，少摆设一些装饰品，以保证孩子在家里的心情和情绪欢畅。

居室内应具有文化特征，使孩子从小受到文化的启迪与熏陶。瑞士不少家庭在精神消费方面很舍得投资，彩电不用说，有些还买上音响。然而，不少家庭却忽视了另一个重要的方面——书。有的家庭很难找到一本书，这显然是不利于培养孩子的文化修养的。而有的家庭就很注意这方面的积累，书架上放着许多书籍，也许孩子一时还看不懂，但这也是一种滋润、一种熏陶，文化气息会潜移默化启迪他们热爱知识、追求知识……

父母应当看到，家庭物化环境对孩子的成长并不起决定作用，但也的确有不可轻视的影响。因此，年轻的父母在营建自己的家庭时，在考虑自己的爱好、需要的同时，也应该考虑这样是否有利于孩子的健康成长。

心理疗法

一个健康的孩子需要学校、家庭、社会三方面的教育。孩子大约有1/3的时间是在家庭里度过的，可见家庭环境对一个人的成长影响是如此巨大。营造温馨、和谐、健康、文明、向上的家庭环境是每个父母的责任与义务。

（1）树立文明、向上的家庭意识。家庭意识就是家庭成员的共同利益和共同心理。文明、向上的家庭意识是孩子成长的首要条件。学校有校风、班级有班风、一个家庭也要有家风。树立文明、向上、积极地待人处世的氛围，让孩子在这良好的家庭意识中潜移默化，使孩子在思想上时时得到净化，处处得到升华。

（2）规范正确的家庭行为。良好的家庭行为是孩子学习的榜样。从孩子的行为中，我们常常会看到父母的影子。

（3）提供基本的家庭物质。丰厚的家庭物质条件或许能更好地促进孩子的成长，但贫寒的家庭生活条件也利于孩子的教育，这就是所谓的逆境成材的道理。作为父母，要尽可能地为孩子提供良好的家庭物质环境，让孩子接受优质的教育。但有时，父母也可以对孩子进行一些耐挫教育，让孩子经受一些磨炼，这更有利于孩子的成长。

让我们各位父母从小处着手，从身边的事出发，对孩子进行启蒙的科学人生观、世界观、价值观的教育，引导他们走好成长的每一步，帮助他们健康成长。

离异的家庭

对离婚这种社会现象我们似乎感觉很宽容,但父母离异对孩子的情绪、认知发展、学业成绩、品德形成、心理健康等方面产生的消极影响却令人焦虑。父母不曾关心他们的离异会给孩子造成什么样的后果。

离异的家庭与完整家庭的孩子在心理方面差异悬殊,这说明家庭结构的完整性和良好的家庭教育与孩子的健康成长密切相关,下面就五个方面进行分析与比较。

离婚之所以会产生一系列消极的影响,其原因是家庭发生了消极变化,父母和孩子之间的关系发生了消极变化。这种消极的变化成为引起孩子心理问题的根本原因。

对父母的离异,孩子有一个适应过程,单亲家庭的人际结构与完整家庭相比有了明显的变化,原有的家庭人际关系也因此而产生的氛围与行为准则都已不复存在,加之父母离异前大多要经历一个冷战与吵闹的过程,对孩子冲击十分巨大。父母离异后,孩子不管是与亲生父亲还是亲生母亲生活在一起,对他们来说都是一种部分家庭环境的剥夺,而心理学家的研究已经证明这种剥夺对孩子心理造成的有害影响,包括智力及情感方面的发展等。

父母离异、家庭破碎对与孩子而言,意味着父母性别角色的残缺。父母亲在家庭中属于两种不同的社会角色,在对孩子的影响过程中,带有各自性别特制的色彩,并互相补充起作用。而父母性别角色的残缺,将使孩子的心理发展"性别度"产生一定的偏差,加之一个人的精力毕竟有限,对孩子的照顾、教育不够,这些都会影响孩子的心理健康。

离异双方的不良情绪对孩子产生着不良的影响。这种不良情绪通过父母的表情、语言、行为反映出来,使家庭气氛压抑、紧张。在这样一个环境下,孩子的心灵蒙上了消极的色彩,容易导致精神紧张、疑虑、反应失常等。

离异者常将自己今后的希望全部寄托于孩子,常常不顾及孩子的心理、智力等方面的实际情况来确定其发展方向,而一旦孩子出点问题,便痛心疾首,以严厉的手段对待孩子;而有的离异者则对孩子溺爱放任,这些都容易导致孩子心理发展出现偏差。

孩子在承受了家庭破碎的沉重打击之后,其心理无法适应的一个最常见的表现方式就是自我封闭,以避免遭受更多的伤害。

对于离异的家庭孩子的心理问题主要表现下面几个方面,孩子的异常变化值得我们重视。

情绪情感发展障碍,离异家庭的孩子特别容易发怒,有明显的悲伤感和恐惧感。他们为父母离异而感到羞耻,觉得自己与别的孩子不一样,因此,他们常将这些归罪于父母,甚至痛恨父母,特别是当离异中的某一方常向孩子诉说另一方是多么坏时,这种痛恨的情绪会表现得更加明显。父母分开之后,孩子在强烈的悲伤之余,更加害怕失去父母的爱,还怕会被双亲抛弃,这种悲伤与恐惧在父母离婚一年之后尤为明显。

孩子对社会交往规则的认识评价及人际关系出现异常。这种异常表现在对社会交往规则认识上的疑惑,并由此而带来对父母及周围成人的不信任感。他们内心的问题不愿意向父母或其他成人诉说,这样使其交往逐渐减少，交往减少又强化孩子在认识上的种种偏差，后果是使孩子孤独、自卑、抑郁，心理健康严重受损。

父母离异会导致孩子性格出现异常改变。他们不仅为父母的离异而羞耻，甚至敌视父母和他人，易出现敏感、怯懦、退缩、自夸、自备、懒散、粗暴等不良的性格特征，他们对亲人的病残无动于衷，虐待小动物。

离异家庭的孩子在神经心理方面的问题，如注意力不集中、口吃、进食障碍、吸吮手指、眨眼等发生率都较完整家庭孩子的发生率高。

心理疗法

（1）改变孩子的认知，提高孩子对挫折的承受能力，提高其心理健康水平。离异家庭的孩子之所以出现心理问题，与其认识有关。因此，我们要教育孩子以正确的观点来看待离异问题，同时还要为孩子提供减缓心理压力、消除不良情绪的渠道，转移孩子对此事的注意力，尽力为孩子建立良好的人际关系提供条件。

（2）父母要尽快适应以后的生活，同时，要给孩子更多的关心与爱护，不嫌弃、疏远孩子，不要向孩子述说离异对方的种种不是，不把孩子作为自己不良情绪的发泄对象，教育方式应民主而不粗暴、不溺爱，妥善安排家庭生活，适当增加与孩子在一起的时间，并创造条件让孩子与其他孩子多交往，以增强孩子的社会交往能力和应付问题的能力，与非监护一方协调好探视孩子的时间，尽量为孩子创造一个温馨、平和的生活环境。

（3）为离异家庭的孩子创造一个宽松的社会环境并提供帮助。社会对离异者不加分析的指责、嘲笑和偏见，会给离异家庭的孩子带来极大的心理压力。因此，老师或其他人不应对孩子父母离异之事表现出过分的兴趣与关注，要教育其他同学不要嘲笑、讥讽离异家庭的孩子，尽力保持原有的师生、同学关系，同时，整个社会要从观念、认识及舆论导向等方面为离异家庭的孩子创造一个宽松的成长环境，尽可能为其身心健康发展提供帮助。

　　由此可见，父母和家庭关系对孩子有着重要的影响。对家庭已经破裂的孩子，社会各界都应伸出援助之手，关爱他们，让他们感到社会的温暖。当然，我们需要更多的观察和注意来维护家庭的完整与和谐。毕竟，一个完整的家庭对孩子来说才是最为重要的。

要想改变孩子，先要改变自己

父母教育孩子总是把自己放在教育者的位置，把孩子放在被教育者的位置，总想着发现孩子一个毛病或缺点就抓住不放，时不时大骂一顿，非要让孩子把缺点都全改了,然而总是事与愿违！后来慢慢地发现孩子身上的缺点越来越多，原有的优点也消失了！有一个教育者的天条：你无法改变别人，你只能影响别人做事的动机！孩子也一样，他们没有被影响到他们自愿改变的情况下，他们是不会改变的！

所以，父母想让孩子有好的行为习惯，有好的学习习惯，不能靠整天的说教和讲道理或强迫！只有靠改变自己的行为习惯，让孩子感受到父母也是每天这样做的，人就应该是这个样子的！只要家长先改变了，孩子一定会随着改变！

想要孩子与你的思路在一条线上，就要从自己开始改变！父母是孩子一生中最重要的不可代替的教育者。如果想要改变孩子的行为，父母应先改变自己，教育孩子就是教育自己的一个过程，孩子的不良行为往往是从环境或父母那儿直接传授下来的。树立榜样来教育孩子是发展孩子道德行为的最可靠的办法。

培养孩子的灵性品质的重要性远远超过智力开发，灵是树，心智是果；灵是灯，心智是光。人的智力是灵性品质的反射。如果只注重孩子技能的培养，而忽视孩子的精神品质的培养，只能是本末倒置，孩子长大成人后，他们的人格就会有缺陷，道德发展受到阻碍。

合理的管束。管束孩子是告诉他们行为的标准，即什么样的事情可以去做，什么样的事情不能做。管束一定要有权威，让孩子知道你是严肃的，而且你提的要求是伴随惩罚或奖赏的。合理地限制孩子，可以培养孩子的纪律观念，当然，对孩子的管束必须是负责任的，而且要告诉孩子你提出这个要求的原因。不要惩罚得太多，不可从生理和心理上虐待孩子，要把孩子管好，上策就是对他们好的表现及时进行奖励。

用积极鼓励的方法，使孩子建立良好的自我价值观。父母需要主动地将基本的价值观和行为方式教给孩子，以便于孩子在社会上成长。当然，在这方面，身教胜于言传，父母可以做孩子的好榜样。创建良好的家庭氛围是很重要的，因此，父母不可以让孩子去做自己不愿意的做的事情，也不可以自己做一套，让孩子去做另一套。只有以身作则，注重孩子礼貌与价值观教的培养，才能很好地培育出品德高尚的优秀青年。

接纳和确认孩子的各种情绪（尤其是消极的）。当父母否认孩子的感觉时，孩子觉得他们得不到理解。只有当孩子的情绪被接纳，他们的感觉舒畅了，他们的行为才会良好，因为孩子是生活在感觉的世界里。

倾听孩子的心声。有经验的父母提出，通过说话来了解孩子们的感受，是非常有价值的一种方式。不论孩子提出的问题是大还是小，都要尽可能找时间立即去倾听他们所说的话，而不要让孩子等你有了空闲时间再说。与孩子说话，为父母提供了一次了解和教导孩子的机会。倾听孩子的心声，有助于赢得孩子的信任，这样孩子才愿意把所有的事都告诉父母。而对于父母来讲，了解孩子头脑里想的是什么，也是一件很重要的事情。因此，当孩子想与你谈话时，要尽可能地立即与他们交谈。这样，孩子就不会感到失望了，也不会产生失落感，他们可以感受到他们对父母是多么的重要，他们也就会更多地把心里话告诉父母。

设立明确家规，定期召开家庭会议。孩子需要知道界限在哪里，没有规则孩子反而没有了安全感。家规应适合于家里的特定需要，而且必须用肯定句来陈述，将家规贴出来。家规一旦建立，就应坚决执行，如果违反，应给予相应的处罚措施。每隔一段时间，应对家规作调整和修补。定期召开家庭会议，使全家一起分享生命发展的过程，发展民主，相互尊重，享受爱的氛围。

心理疗法

（1）孩子有些极端的兴趣爱好令家长头痛，这时候不妨找找"例外"，那个例外可能就是一个有效转移点。

（2）错误是美丽的，让孩子在错误中成长。带着这样的理解来看待孩子在成长过程中的磕磕绊绊，可能就不是焦虑、愤怒、不能容忍的心情了。因此，在教育孩子的问题上，要经常对自己说，要强化孩子的优点，淡化孩子的缺点。当发现孩子的一点闪光点，父母、老师一起把它扩大，能够形成一种"好上加好"的光芒；若强化孩子的缺点，你说他哪方面不好，他就很可能真的不好了，而且很难改正过来。

（3）学会等待，把孩子的话听完，是倾听的重要素质！其实孩子做任何事情都有自己的理由，有自己的想法和观点。这个理由可能本意是好的，但父母往往等不到，就急着去下定论，告诉他是错的。孩子被轻易地下了判断，而自己也来不及去回顾最初的理由究竟是什么。长此以往，孩子也懒得表达自己的心声了。不知道孩子心里想什么的父母，需要补上这一课。

（4）父母要善于学习，善于发现孩子的行为语言背后到底是什么事实。其实在言语的背后都能找到心理上的原因，很多时候是关爱缺失的一种表现，父母要学一些相关的知识。可以尝试"自然消退法"。

第三章
读懂孩子的心

孩子也不容易

在全面实施素质教育的今天,社会教育、学校教育、家庭教育是现代社会孩子成才的三大支柱,是教育琴上的三根琴弦,只要你做到了能够使它们很好地发挥作用,就能奏出世界上最美妙的音乐,让孩子能够健康快乐地成长。

教育孩子,大多数父母都做过很多的尝试和探索,也有很多的经验或教训。我们最成功的赏识教育专家——周弘老师说:"吃饭、穿衣、身体健康,只是孩子有形生命的需要,而内心世界的满足和愉悦,是所有孩子无形生命的需要。孩子心灵深处最强烈的需求和我们成年人一样——渴望得到别人的赏识。"

在心理学上,有这样一种现象,越是亲近的人越不容易用语言表达自己的情感,甚至难以沟通,因为他们彼此认为非常熟悉,可以心领神会,觉得语言是多余的。父母对孩子的表现往往也有这样的误区,当孩子做对一件事情时,父母会觉得是理所当然,无需表扬和赞赏。

古人曾说:"数子十过,不如奖子一长;数过不改也徒伤情,奖长易劝也且全思。"这段话的意思是,教育孩子,与其总是批评,不如去表扬一次;对孩子批评多了,孩子并没有去改正,还挫伤了感情,如果用表扬和奖励的方法来对待孩子，便更容易使孩子接受，而且能让孩子学会很好地思考。我们可以想想，孩子都是在父母的鼓励下才学会说话、走路的。孩子学说话时，没有不说错的，学走路时，没有不摔跤的。但没有一个父母因为孩子说错话、摔了跤而不让他们学说话、学走路。其他任何事情也都是这样的道理。

做父母的应该而且必须赏识自己的孩子，要把赏识当成孩子生命中一种不可缺少的需要。有了赏识的心态，父母就会把孩子当做天才来看待。那么，在孩子成长的道路上，父母应当如何赏识孩子呢？

父母应对孩子的进步表示赞赏。孩子有了进步，哪怕是很小的进步，都说明孩子付出了努力，取得了成绩。无论孩子付出了多少努力，取得了多大的成绩，父母都要及时地加以肯定，让孩子感受到来自父母的赞赏。因为父母的激励最能调动孩子的积极性，孩子便会更加努力，所取得的进步一定会积少成多，由小变大，从量的变化到质的飞跃。如果孩子有了进步，父母只是心里高兴，不善于表达，或者生怕表扬之后孩子会骄傲自满，不愿表达，这样会使孩子觉得父母对自己的进步不关心，自己白努力了。时间一长，会挫伤孩子的上进心，逐渐会失去进步的动力。

对于父母来说，应该注意不要忽视孩子的点滴进步。有些父母对孩子的期望值比较高，对孩子的一些小的进步比较冷淡，总希望孩子能有"突变"，产生"飞跃"。但是，质变是由量变引起的，平时大量的表现是小的进步，由这些小的进步积累起来，才能有大的进步。因此，赏识孩子必须从孩子一点一滴的小事做起。

努力发现孩子的优点。由于先天遗传和后天教育环境的差异，孩子与孩子之间各不相同，父母千万不能因自己的孩子在某些方面比别的孩子差，就轻视自己的孩子。父母要努力发现自己孩子的优点，特别是发现与众不同的优点，要多想想自己孩子的优点，学会欣赏自己的孩子。当然，这种做法并不是说要忽视孩子的缺点，对孩子护短；也不是夸大孩子的优点，盲目骄傲自大；而是为了让父母和孩子树立起一种理念，即："我的孩子是最棒的！"也是让孩子树立起一种信心："我是最好的！"

父母要学会宽容孩子。孩子在成长过程中免不了会有缺点和错误。父母要学会宽容，因为宽容氛围有益于孩子改正错误。当孩子意识到自己存在的问题，下决心改正时，父母一定要表示赞赏，给予鼓励。不要用怀疑的态度来对待孩子的承诺，更不要讽刺挖苦；同时父母绝不能对孩子改正错误失去信心。因为孩子一旦对自己的问题有所认识时，最需要父母的帮助和理解，他们此时需要家长对他们赞赏和支持。如果得不到父母的赞赏和支持，孩子会感到十分痛苦，很可能放弃改正错误的行动。

当孩子有了改正错误的愿望时，父母除了赞赏和鼓励外，还需要多一分耐心和宽容。因为孩子年龄小，约束力和意志力比较脆弱，思维也不稳定，父母不要因为孩子改正错误的成效不明显，或者又重新犯了错误，就丧失了对孩子的信心，就放弃了对孩子的信任，还讽刺挖苦孩子，这样不但对孩子改正错误毫无意义，而且容易伤害孩子的自尊心。

父母要及时赞赏孩子做好事。因为赞赏孩子做好事会造就孩子好的品格。孩子做好事的积极性是很高的，特别是小学生，他们做好事，除了道德观的教育很重要外，主要是通过父母和老师的引导后产生的一种兴趣。因此，孩子做了好事后，想得到赞扬的期望值是比较高的。如果孩子做了好事得不到赞扬，那么孩子就会降低做好事的兴趣，甚至会影响到对是非的判断。一般来说，孩子做了好事，父母都是很高兴的，是会赞扬孩子的。但是，当孩子做好事时，要付出一定的代价，甚至带来一些损失时，有些父母觉得"麻烦"，甚至感到"吃亏"，对孩子做好事的行为就不那么支持了。

心理疗法

（1）要善于发现孩子的闪光点，一个孩子也要真正做到因人施教。

每个孩子都有自己的个性特点、兴趣爱好，做父母的应努力捕捉孩子身上稍纵即逝的闪光点，给予必要的表扬鼓励。

（2）赏识孩子要及时并讲求艺术。孩子取得成绩要及时给予肯定，孩子受到挫败应及时给予鼓励也是赏识教育，孩子做得不对，批评时要就事论事，不要伤及孩子的自尊心。

（3）父母更应该理性地地赏识孩子，赏识不能过度，要正确客观地认识孩子，了解孩子的身心需要，适当把握赏识的度，不同的孩子赏识的程度应有所不同的，不要把别人的药方强加给自己的孩子。

（4）父母对赏识的教育不要急于求成，俗话说："十年树木、百年树人。"教育伴随着孩子的成长，不是说孩子得到了赏识与夸奖，就立即变成父母期望的"好孩子"了，孩子需要有一个接受、消化、良好反馈和稳定提高的过程。另外，切忌拿赏识与孩子做交易。

（5）父母应该注意赏识孩子所有的劳动和努力，要对自己的孩子有全方位的认识，不要只对父母自己感兴趣的"成绩"才进行赞赏。

辨别孩子的心理偏差

没有哪一个父母不爱自己的孩子，打孩子多出于一时的冲动。事实上，这样做只会造成不可弥补的严重后果。每一位父母都必须清醒地认识到，打孩子只会给孩子造成很多心理问题，使孩子产生不良的心态和心理偏差，绝不会获得教育孩子的效果，这一点尚未引起父母们的广泛重视。经常挨打的孩子会出现多种不良心态和心理偏差。

懦弱。如果孩子经常挨父母的打，一见到父母就会感到很害怕、不敢接近。因此，不管父母要他们做什么，也不管父母的话是对是错，他们都只得乖乖服从。在这种不良的"绝对服从"环境下成长的孩子容易自卑、懦弱，往往唯命是从，精神压抑，学习被动。

孤独。经常挨打的孩子会感到孤独无援，尤其是父母当众打孩子，会使孩子的自尊心受到伤害，孩子往往会怀疑自己的能力，自感"低人一等"，显得比较压抑、沉默。这种孩子往往不愿意与父母和老师交流，不愿意和朋友一起玩，性格上显得很孤独。

说谎。有的父母一旦发现孩子做错事就打，孩子为了避免皮肉之苦，瞒得过就瞒，骗过一次就可减少一次"灾难"。可是孩子的谎话往往有破绽，易被父母发现。为了惩罚孩子说谎，父母的态度更加强硬。为了**逃避**挨打，孩子下一次做错事更要说谎，这样就构成了一个恶性循环。

固执。动不动就打孩子，伤害了孩子的自尊心，使他们产生对立情绪、逆反心理。于是，有的孩子用故意捣乱来表示反抗，你要东，他偏要西，存心让父母生气。有的孩子越打越不认错，常常用离家出走、逃学来与父母对抗，变得越来越固执。

焦虑不安。有的父母的期望过高，孩子学习成绩不好不是细心找原因，而是简单地痛打一顿，使孩子整天提心吊胆，担心记不住外语单词，担心背不出算术口诀，担心不能使父母满意又要挨打，整日焦虑不安，结果离父母的要求反而会更远。

粗暴。由于孩子模仿性很强，在家里挨父母的打，到外面他们就打别的孩子，父母打孩子实际上起了坏榜样作用。

怪癖。有的父母打了孩子以后，还硬要孩子认错，表明接受教育了。这样做只能促使孩子的排他倾向加剧。表面上看孩子似乎依照父母的要求去做了，实际上抵触情绪很大。在被打之后，他们会不知所措，惶惶不安，久而久之，孩子会变得越来越怪癖。

喜怒无常。有的父母打过孩子以后觉得心痛后悔，即去抚摸孩子的痛处，甚至抱着孩子痛哭，并加倍给孩子以物质上的补偿。这种情况在开始时孩子会感到莫名其妙，但是时间一久，孩子也就习以为常了，慢慢地也会变得喜怒无常。

心理偏差是造成孩子身心健康的毒药，那么做父母的应该怎样才能及早地发现孩子存在心理偏差，并进行及时的治疗呢？

多对孩子"望、闻、问、切"。父母在平时要善于对孩子进行"望闻问切"：多观察孩子的言行举止是否出现异常；平时多和孩子进行交流沟通，及时掌握孩子的所思所想；多进行"校访"，听听老师对孩子表现的评价。

多方沟通及时了解。父母应做到多与老师沟通，了解孩子学习成绩变化引起的行为变化；多与孩子的同学沟通，了解孩子处理同学关系时遇到的问题；多与孩子本人沟通，了解孩子日常生活中产生的困惑。

从和孩子做朋友开始。从父母的角度来讲，要主动放下架子，以平等的身份走近孩子，把工作生活中的酸甜苦辣讲给孩子听，对孩子各种行为的看法也是平等地探讨。这样，孩子就能把自身最真实的想法告诉父母。

关注孩子的生活细节。孩子的心理偏差往往会通过一些生活细节表现出来，如果发现孩子变得孤僻无语，一到家就把自己关在屋子里，不与人交流，这时孩子可能出现心理偏差了。

心理疗法

（1）找到症结打开心结。父母要和孩子多进行心与心的交流沟通，和孩子一起分析他们成长中的"困惑"，再结合侧面观察了解情况，综合分析判断，找到产生心理偏差的症结所在。对不同的心理偏差施以不同的纠正方法。

（2）赞美是消除自卑感的良药。对待自卑的孩子，要激发他们的自我表现欲望，培养他们的成就感；要多赞扬孩子，培养孩子的荣誉感。做父母的要多和孩子交流，通过让孩子做家务活、和孩子一起做游戏等方式多鼓励、多赞美孩子。

（3）要注重培养孩子解决各种问题与应付突发事件能力。注重孩子在这些方面的表现情况，因为孩子出现心理偏差，有时是突发事件造成的，有时是一段时间有一些问题的逐渐积累造成的。因此，要注意及时解决一些小问题，防止小事变大事，小问题变成大问题。

（4）创造一个轻松的生活环境。治疗孩子心理偏差，关键应该考虑以孩子乐于接受的方式进行：如带孩子到野外、动物园等他们爱去的地方，在一个宽松自然的环境中与孩子进行沟通交流，认真倾听孩子的真实想法并给予真诚帮助。

（5）勇于实践才能改变怯懦。一个孩子胆小怕事，就不敢做任何事情，哪怕是最简单的事。积极实践，勇于面对，就能调整其心理偏差。让他们积极地去参与到活动中去，相信别人能做的，自己也能行。

尊重孩子的隐私

隐私是每一个人藏在心里、不愿意告诉他人的秘密。每个人都有自己的隐私，孩子也不例外。随着孩子年龄的增长，他们的生活领域、知识、情感都逐渐丰富起来，孩子的自我意识、自尊意识也在不断增强，原先无所顾忌敞开的心扉也渐渐关闭起来。然而，很多父母没有意识到孩子正在长大，忽略了孩子也会有自己的秘密，总认为自己是孩子的父母，可以随意进入孩子的世界、闯入孩子的"隐私"，甚至粗暴干涉，拆信、监听、偷看日记等。

如果父母为了了解孩子而偷看孩子的隐私，这往往会得不偿失。事实证明，这样做只会伤害孩子的自尊心，孩子会因为自己的隐私受到侵犯而采取更极端的措施将其保护起来，把自己的心紧紧锁闭。这样，父母想了解孩子就变得更加困难了，原本和谐的亲子关系也就被父母破坏了。

要想了解孩子，就应该尊重孩子，允许孩子有自己的"隐私世界"。用尊重和了解换取孩子的信任，让孩子主动说出他们的想法，这才是父母应该努力要达到的效果。

父母应尊重孩子们的隐私权，不要轻易去动孩子抽屉上的锁，因为它是用来珍藏孩子"秘密"的。如果你强行打开了，孩子心灵的大门就会从此对你紧闭。父母应平视自己的孩子，多沟通，走进孩子，了解他们的内心世界，解决他们的烦恼，给他们一片快乐纯净的心灵空间。

对待孩子隐私的态度可归纳为三个方面，父母应该尝试着这些态度去了解自己的孩子，走进孩子的世界。

尊重的态度很重要。随着年龄的增长和独立人格的形成，孩子的"保密性"越来越强，如写日记和书信，与同学交往和谈话内容，都不愿主动地向父母透露。这时的父母可以经常主动地找孩子谈谈心，达到与孩子情感上的沟通，营造家庭中平等、民主、理解、宽松的行为模式，使孩子感到自己和父母之间不仅仅是血缘上的亲子关系，更是生活中可以信赖的朋友。这样一来，孩子也很愿意把自己心中的小秘密告诉父母。

掌握。在复杂的社会环境中，一些不健康的因素在悄悄地腐蚀着孩子的心灵。如养成抽烟喝酒的不良嗜好"结交一些不三不四的朋友"晚间外出甚至彻夜不归、早恋等一些品行变化和心理动态，家长应及时观察和掌握孩子的这些"隐秘世界"的蛛丝马迹，以利于正确的引导。

引导。尽管孩子的自主意识增强，但正确的人生观尚未形成，是非观念不强，缺乏自我克制的能力，正值成长的心理危险期，所以在处理诸如学业、情感、人际关系、生活等许多方面，还不可能把握好尺寸。因而父母在细心观察孩子的思想动态，掌握孩子内心隐秘的同时，要根据其性格、爱好等有针对性地采取措施，培养孩子分辨是非的能力。当孩子有了自己的爱好、理想甚至异性朋友时，更应循循善诱，加以引导，使孩子在学习和生活中把握自己的思维、生理和内心隐秘，规范自己的品德和人格，使自己学会如何去辨别朋友，增进友谊，处理矛盾，并不断排除和修正内心隐秘世界中非健康的因素。

当然，父母还要允许孩子"保密"，内心的秘密是每个正常人具备的基本内容,从这个意义上讲,尊重孩子的"隐私",就是尊重孩子的人格。

心理疗法

孩子有了隐私那一刻起,便有了自我意识。也许因年幼,他们不知道这属于隐私,但他们要独享这份快乐或悲伤,不愿与他人分享。如果身为父母非常好奇孩子的一言一行,也不能急于求成,要有足够的耐心和恰当的方式与孩子互动交流,在取得孩子的信任后,便会把你一步步地带到他们的童心世界里。

(1)在生活中,父母要密切注意孩子在态度和行为上的细微变化。当孩子希望自己的房间没有人打扰时,父母就不要随便进入;当孩子希望拥有记录自己秘密的日记本时,父母就不要偷看,更不能采取打骂体罚的方式。

(2)要培养孩子的自我教育能力。当晓知有关孩子隐私的信息后,即使有发现些越轨和不良因素,也不必大惊失色、殴打辱骂,可以与孩子一起讨论理想、事业、道德、人生观、价值观等问题,引导孩子自己悟出为人处世的真理,提高孩子按规范要求调整自己行为的能力。有了这种自我教育能力,一些隐私中的危险倾向都有可能自我解决。

(3)主动以平等的态度与孩子多交谈,谈父母在与他同龄时的一些所思所想、成功和挫折,甚至谈一些当初的隐私,谈自己对事物的看法和想法,倾听和征求孩子的意见和建议,使自己成为孩子可以信赖的朋友。一段时间后,孩子会愿意把自己心中的秘密告诉父母,这样才能了解和掌握孩子的隐私,给予必要的指点和教育。

(4)尊重和保护孩子的"隐私"从本质上来说,就是尊重和保护他们的自尊心。日常生活中，父母在孩子面前的一言一行都须经过大脑"过滤"，切莫在信口开河中无意间就"揭"了孩子的"隐私"，使得孩子自尊大失，进而对他们的心理造成严重的负面影响。

当你用自己的语言和行为去赏识和尊重孩子，孩子也同样会尊重你，从而把你当成他们的好朋友。当他们遇到什么事情或者心中有秘密的时候，才有可能主动向你谈起。

驱散孩子心中自卑的阴影

自卑是一种消极的自我评价或自我意识。一个自卑的人往往过低评价自己的形象、能力和品质,总是拿自己的弱点和别人的强处比,觉得自己事事不如人,在别人面前自惭形秽,从而丧失自信,悲观失望,不思进取,甚至沉沦。

不喜欢自己,不能悦纳自己,自卑的孩子总觉得自己处处不如别人,对自己百般挑剔。他们悲观失望,不敢接受挑战,常把自己定格在"我不行"的范围内;自卑的孩子怀疑自己的目标和能力,自己第一个确信自己最终会成为一个失败者。长期下去,致使自己的才能得不到积极的开发,进而陷入恶性循环中,心态和举止常常表现出消极、灰暗。

自卑的孩子动作迟缓,走路低着头,有时溜着墙根走,不敢与人主动打招呼;不敢当众发言,怕引人注意;不敢正视别人;说话低声细语;愁眉苦脸;喜欢独处,总是给自己的心灵套上枷锁。自卑的孩子敏感多疑,总觉得别人在背后说自己的坏话,因此往往以一种消极或错误的防御形式来保护自己,不敢与别人正常交往,造成人际关系障碍。

自卑者由于过低的自我评价,对自己持排斥、轻视的态度与消极、否定的情感,常常对自身的不足以及别人对自己的评价过于敏感,因而在人际交往中缺乏勇气，畏首畏尾，在行动上处于被动。近年来，儿童、青少年的自卑心理发生率呈上升趋势，作为父母必须予以高度重视。

为此，家长要积极帮助孩子正确认识和处理自卑的消极情感，积极面对生活，不要让机会从眼前溜走。

帮助孩子弄清自卑感产生的原因。只有找到了孩子自卑的根源，才能有针对性地加以引导和帮助。很多孩子自卑是由于自己的身体特点、家庭因素、学习成绩等方面的原因而产生的，因此需要得到理性思考方面的引导。针对个人的原因，父母可以利用面质法、理性情绪法等帮助孩子去除自卑。

帮助孩子正确对待自卑。自卑感是一种普遍存在的心理状态。适当程度的自卑可以使自己认识到不足之处，从而激发孩子奋发向上，拼搏进取。因此，自卑感及对它的克服、超越，可以使人完善自我，是每个人走向成功的起点和桥梁。如果没有自卑感，也就没了进取心。所以，要正确对待自卑，不要只看到危害，更不能因为自己自卑而自卑。

引导孩子全面、客观地评价自己。自我评价是一种包含社会行为准则的知识和主观经验的复杂的自我认识，是指自己对自身的思想、能力、水平等方面所作的评价。评价是多方面的孩子应从以下几个方面对自己进行分析评价：①学习能力，如观察力、记忆力、思维力、创造力、想象力和实践能力；②特殊能力，如绘画、音乐、书法、写作、体育运动等；③学习态度，如兴趣、爱好、勤奋、竞争意识和独立性等；④人品和个性特征，如自我控制和自我调节以及道德品质、理想信念等。

建议孩子使用小目标积累法。很多孩子产生自卑，往往是由于对自己要求过高，把自己已经取得的小成绩淹没在对大目标无法实现的焦虑中，心理上就常常笼罩在悲观、失望的阴影中。孩子可以自己制定一个个能在短期实现的小目标，引导自己向后看，从已经实现的小目标中得到鼓舞，增强自信，随着一个个已实现的小目标的积累，不仅会积累成一个实现大目标的动力源,还会使孩子形成足以克服自卑的信心。

教孩子采用自卑补偿法。父母应教育孩子在遇到挫折的时候,从多角度辩证地看问题,形成"合理化认识"。同时要孩子利用自卑补偿法和转移等心理防御机制以保持心理完整或平衡,认识到某一方面的缺陷和不足,可以通过其他方面的完美和丰富进行补偿和纠正。

通常可以使孩子从两个方面进行心理补偿:一是以勤补拙,如果某方面的不足是由于自己努力不够而潜力没有充分发挥,那么就以最大的决心和毅力去使缺陷变为完美。二是扬长避短,如长相平平,就可以用优异的成绩来补偿;学习一般,可以通过训练,诸如书法、雕刻、绘画、音乐等,获得他人所不及的特殊能力。"失之东隅,收之桑榆",理智地对待缺陷,寻找合适的补偿目标,从中吸取前进的动力,就能把自卑转化为一种奋发图强的动力。

心理疗法

(1)对自己的自卑进行心理分析。这种方法可在心理医生的帮助下进行。具体做法是通过自由联想和对早期经历的回忆,分析找出导致自卑心态的深层原因,并让自己明白自卑情结是因为某些早期经历而形成的,它深入到了潜意识,一直影响着自己的心态。实际上现在的自卑感是建立在虚幻的基础上的,是没有必要的。这样就可以从根本上瓦解自卑情结。

(2)转移注意力。不要老关注自己的弱项和失败,而应将注意力和精力转移到自己最感兴趣,也最擅长的事情上去,从中获得的乐趣与成就感将强化你的自信,驱散自卑的阴影,从而缓解你的心理压力和紧张。

(3)全面了解自己,正确评价自己。你不妨将自己的兴趣、嗜好、能力和特长全部列出来，哪怕是很细微的东西也不要忽略。你会发现你有很多优点，并且对自己的弱项和遭到失败的原因持理智和客观的态度，既不自欺欺人，又不将其看得过于严重，而是以积极的态度应对现实，这样自卑便失去了温床。

（4）从另一个方面弥补自己的弱点。每个人都有多方面的才能，社会的需要和分工更是万象纷呈。一个人这方面有缺陷，可以从另一方面谋求发展。只要有了积极心态，就可以扬长避短，把自己的某种缺陷转化为自强不息的推动力量，也许你的缺陷不但不会成为你的障碍，反而会成为你成功的条件。因为它促使你更加专心地关注自己选择的发展方向，促成你获得超出常人的发展，最终成为超越缺陷的卓越人士。

（5）从成功的回忆中建立成功的自我形象。当你怀疑自己的能力并为自卑感所困扰的时候，你不妨从过去的成功经历中吸取养分，来滋润你的信心。你不要沉溺于对失败经历的回忆，把失败的意象从你脑海中赶出去，因为那是你不友好的来访者。

失败绝不是你的主要方面，而是你偶然存在的消极面，是你心智不集中时开的小差。你应该多强调自己成功的一面。一连串的成功贯穿起来就构成一个成功者形象。它强烈地向你暗示，你是具有决策力和行动力的，你能导演成功的人生。

（6）用行动证明自己的能力与价值。其实，看一个人有没有价值，根本用不着进行什么深奥的思考，也用不着问别人，有人需要你，你就有价值，你能做事，你就有价值。因此，你可以先选择一件自己最有把握也有意义的事情去做，做成之后，再去找一个目标。这样，每一次成功都将强化你的自信心，弱化你的自卑感，一连串的成功则会使你的自信心趋于巩固。

让沟通连接你们的心

"同理心"是指两代人都能设身处地从对方的角度看问题,像感受自己一样去感受对方的内心世界,能够从对方的处境来体察他的思想行为,了解对方的内心感受。

在家庭中,如果父母与孩子之间能够从同理心的角度去感受对方的意愿和态度,并有效地把这些感受传递给对方,就会体验到相互间的理解与尊重,产生温暖感和满足感,从而激发出彼此体谅和关心爱护的沟通氛围。

父母与孩子之间是在同理心的互动中来了解对方、感受对方的。但从孩子的角度来看,他们对父母的同理心不是先天就有的,而是在父母对他的同理心的过程中,伴随着年龄的增长及生活经验的积累逐渐形成的。其中,如果父母要让孩子同理父母,首先父母要同理孩子,同理孩子成长过程中所经历的一切,包括孩子的优点与缺点、成就与失败。父母给予孩子的同理心几乎就是孩子同理心产生的土壤。

与父母沟通是儿童、青少年成长的重要组成部分。毕竟父母是过来人,阅历和经验都比较丰富,孩子有些问题拿不定主意时,与父母交谈是会有所收获的,也许会出现代沟,但这并非不可逾越,它会随着与父母交流的增多而缩短距离。而作为父母，他们是非常愿意与孩子们交流的。

他们由于年龄、经历和文化程度的差异，沟通当中可能会有障碍。但幸运的是，父母没有要求孩子必须实现自己"未来的理想"，相反，积极与孩子交流，倾听孩子的心声，接纳孩子的意见，正是这样的态度，换来孩子的理解与尊重。

父母对孩子具有同理心，尝试着从孩子的立场来了解孩子，与孩子产生同样的感受和体验，这是一种教育能力。在两代人的沟通中，父母越有能力去清晰感受孩子的内心世界，就越能与孩子进行有效的沟通。遗憾的是，有些父母习惯于从主观看孩子的行为，往往以自身的经验和感受来做判断，习惯以自身预设或假设的既定标准来要求孩子，很少接纳孩子的看法和立场，这样与孩子的沟通必然受阻，产生事与愿违的后果，具体表现为：

父母对孩子没有产生同理心，也就不能真正地接纳孩子，很容易对孩子指责和批评，这种来自于父母主观意识的"我向信息"会让孩子产生反感和受到伤害，与父母产生对立。

当孩子觉得父母不理解自己时，就会认为父母不关心自己，随之会感到失望、沮丧，对父母的信任度降低，向父母敞开心扉的愿望就会很快消失。

当父母不能真正同理孩子时，也就不能对孩子做出积极的回应，对孩子内心世界中需要得到引导和纠正的地方就不能产生建设性的帮助。

常见的现象是，由于父母过于主观而不能对孩子产生同理心，无法深入了解孩子，甚至误导孩子。

因此，父母对孩子的同理心是开导孩子内在心智世界的钥匙，是与孩子有效沟通的基础，是教育产生效能的前提。

与孩子交流往往存在着一些问题，和孩子缺乏沟通有多方面的原因，关键的问题是父母如何看待这个问题。

父母老是推说自己忙，没时间，对孩子的物质要求有求必应，但却忽略对孩子的精神照顾，这可能给孩子心理发展带来一定伤害；父母自身不良的行为影响了孩子。打麻将、打扑克等不良行为可能会让孩子自小养成好赌的恶习。还有，家长的言语、行为也给孩子带来不良影响；家庭教育的夫妻分工，认为男孩就应该由父亲教，女孩由母亲教。但这样的分工往往造成孩子没人教；传统的棍棒出孝子的家庭教育模式，给孩子的身心发展带来很大伤害；父母错误地把自己职业上的理念带到家庭教育中。有些父母在单位处于呼风唤雨的职位，习惯了指挥他人做事，不知不觉地把这种习惯带回家中，用命令式口吻对待孩子，伤害了与孩子的感情。

这些都会阻碍父母与孩子之间的沟通与交流，以至于孩子身心受到了伤害。父母应尽可能增加与孩子的交流机会，使孩子健康快乐地成长。

和谐的沟通氛围。和谐的气氛永远是与孩子沟通的最好添加剂。要专心听他们的意见和看法，要能理解他们的情感和需求。一起去吃饭、一起去听音乐会、参加绘画艺术展等，都是与孩子沟通和交流的最佳时机。

平行的对话艺术。聪明的父母在与孩子谈话时，并不总是正面对着，而是并肩偕行，朝着一个方向。这样谈起话来，显得轻松、自然，很有人情味，孩子愿意听，也乐于接受。

给孩子留点独立空间。孩子应有独立空间，父母应给孩子留点独立空间，让他们有良好、健康的心境，只有在这时孩子才会把心里话掏给你。

不当裁判当顾问。孩子对父母的规劝常表现出逆反心理，他们总觉得自己已经不需要大人管教。此时的孩子最需要一个顾问、一个参谋，帮他们出主意、想办法，教他们正确的处理方法，指导他们学会依靠自己的智慧摆脱困境，做出正确的选择。

心理疗法

（1）充实孩子的生活经验。亲子对话的题材往往来自生活，家长可以带领孩子观察身边的各种事物，如一花一草一木，路上汽车的颜色、造型、品牌，街上行人的穿着打扮、说话内容，百货橱窗……都可以成为谈话的素材。

（2）把自己也变成孩子，走进孩子的世界，和孩子融成一片。因此，父母是否拥有一颗赤子之心，是非常重要的。

（3）和孩子密切相处，从他们的语言及行为中了解他们的想法、喜好和内在需要。注意孩子的反应与态度。在和孩子说话时，仔细地把他们的话听完，了解他们的想法及立场，体会孩子的感受。当孩子在外面受了委屈，与好朋友或心爱的宠物分离时，家长只是一味地告诉他们"没关系，坚强一点"，"这没什么好难过的"，会让孩子觉得家长一点都不能体会他们的感受。若父母能以同情和理解的态度对待孩子，适时地给予亲情慰藉，就会有截然不同的效果。

（4）了解孩子的发展，不要尽说些他们无法理解的话，或提出他们达不到的要求，让他们觉得辛苦，压力大。认真回答孩子的问话。孩子提出问题时，应先了解其真正含意，并针对孩子的需要做回答。避免用"我命令你……""我警告你……""你最好赶快……""你真傻"，"你太让我失望了"等带有指挥、命令、警告、责备、拒绝等负面意义的语气说话。

（5）经常变换新鲜的话题，引起孩子的兴趣。例如："我猜猜看你今天发生了什么？""如果有一天，太空人真的来到地球……"等话题，相信会比"今天过得好不好？""快乐不快乐？"更吸引孩子。

让孩子远离任性

孩子的任性，从心理学的角度来看，是个性偏执、意志薄弱和缺乏自我约束能力的表现。环境是导致孩子产生任性心理的主要原因。一般来说，孩子由于心理发展还不成熟，对许多事情缺乏认识和判断能力，多少都有点任性。但孩子任性心理不是天生的，而是父母不加约束，放纵教育的结果。

美国儿童心理学家威廉科克的研究表明，孩子任性同时也是一种心理需求的表现。他指出，孩子随着心理的不断发育，开始逐渐接触更多的新事物，并仅凭着自己的情绪与兴趣来参与，而不管这些事物是否对他们适宜、有利。大多数父母则多以成人的思维去考虑他们参与的结果，完全忽略了孩子参与的情绪和兴趣。实际上，这种情绪和兴趣就是孩子很想接触更多新事物的心理需求。但是，孩子的任性发展到一定程度，就有必要从心理上加以纠正，孩子任性心理得不到纠正的话，会妨碍孩子的心理健康和心理的正常发展。

心理反抗期。孩子在正常发育的情况下，很小就开始出现心理反抗现象，出现强烈的独立需求意识。因而不难看出，孩子的任性是由多种因素造成的，内在的、外来的、社会的、自身生长发育期的等等。随着年龄的增长，反抗的意识越来越强烈，表现的形式也更加多样化，任性的个性就可能越来越厉害。任性的个性一旦形成，要想从根本上改变是有相当难度的。

遗传因素。从心理学的角度分析，人的性格有多血质、胆汁质、抑郁质和黏液质等类型，孩子受遗传的影响，有的天生气质就属于较兴奋的类型，情绪表现较强烈，属于那种"有个性"的孩子，这与父母的遗传因素有很大关系，如果后天再不注意改良，这样的孩子最容易出现任性的行为。

后天养成。任性与遗传因素有一定的关系，与个人的神经类型有关。但是，关键还是后天的教育和影响，后天教育的影响是不容忽视的。

孩子的任性往往与受到父母的百般宠爱有关；父母对孩子简单粗暴，有些父母教育方法简单粗暴，造成孩子的逆反心理，不管父母说的对不对，孩子都不肯接受，从而埋下了任性的种子。有些父母无视孩子生理、心理的发展，无视孩子的兴趣、爱好，对孩子一味地限制，要求孩子绝对服从，想出各种方法让孩子就范。这种做法不仅违背孩子的意愿，也违背孩子的身心发展规律，同时，这种做法也是孩子形成任性的重要原因；父母蔑视孩子的人格，有些父母总爱讽刺、挖苦、谩骂孩子，或者当着众人的面数落孩子，有时父母的话虽然是对的，但刺伤了孩子的自尊心，孩子心里明白自己错了，可为了保全面子，死也不接受批评，于是就以"拧"来对抗。

高尔基曾经说过"爱护子女，这是母鸡都会做的事情。然而，会教育子女这就是一件伟大的国家事业，它需要才能和广泛的生活知识。"所以说，爱，也要讲科学，也要有理性；爱，绝不能溺爱，不能宠；爱，也应该有限度。如果孩子任性心理长期得不到纠正的话，会妨碍孩子的心理健康和心理的正常发展。因为任性会导致人无法正确认识和判断事物，个性固执不明事理，妨碍生活能力的发展，不善与人交往，难以适应环境，不被别人接受而陷入孤独，经不起生活的考验和挫折，对孩子健康成长极为不利，严重的还会由于易冲动而犯罪。

当孩子已有任性表现时，父母应该认真分析原因，根据孩子的个性特点进行教育，绝不可硬搬教条、千篇一律地采取措施。父母在教育任性孩子时，要注意以下几个问题。

任性是有程度上的区别的，在正常生长发育的情况下，只要不影响别人，适度保留孩子性格中的霸气，还是有必要的，这能培养孩子的主动性、创造性和积极性；任性的孩子不代表学习能力差，有的可能对某个领域有特殊的爱好甚至有所贡献。但对人际关系、社会交往的层面，事业的成功率会受一定的影响。

在德、智、体、美四育并重的教育观念中，如果性格不健全则在一定程度上影响孩子的社会交往能力；孩子的任性不是人格的表征，是对外界环境的正常反应。因此，父母可以通过提供一个适当的环境及社会认可的规则，通过引导、教育来纠正孩子的任性行为；每个孩子都有他独特的个性，要积极向好的方面去引导。所以，父母的责任就在于去发现自己孩子的特点，采取科学的教育方式去教育孩子。

心理疗法

（1）预防法。孩子的任性发作一般都是有规律的，当可能诱发孩子任性的条件临近时，要事先预测好，做好预防工作。可以事先约法三章，提出要求。

（2）习惯法。培养孩子良好的行为习惯，能从根本上解决孩子的任性。父母让孩子从小养成良好的行为习惯，处处按要求做，孩子就能自觉地和大人保持一致。一旦孩子养成了良好的生活习惯，干什么就都有规矩，就不会随意提出特殊要求了。

（3）严格法。孩子任性往往是抓到了父母的弱点。父母对孩子提出的不合理要求，不管他们怎么哭，怎么闹，决不能有任何迁就的表示，态度要坚决，而且要坚持到底。

（4）转移法。转移孩子的注意力。当孩子任性的时候，可以利用孩子易于被其他新鲜的事物所吸引的心理特点，把孩子的注意力从他们坚持要做的事情上转移开，从而改变孩子的任性行为。

（5）知识法。孩子有时任性是因为知识少，认死理，往往把错误的行为当成正确的行为，固执己见。孩子还不易分清坚强与固执，谦让与软弱，勇敢与蛮干的界限。父母要想办法使孩子扩大视野，增长见识，孩子知识多了，就会改变自己过去一些错误的做法。

（6）理解法。在情绪上表示理解，但在行为上要坚持对他们进行约束。

（7）回避法。有些孩子的不合理要求没有得到满足就纠缠不休，这时，父母可以暂时不去理他们，让他们感到哭闹的方法是无效的，他们就会停止。事后可以与他们坦诚地交流，让他们说明原因。当然，解决孩子任性的方法还很多，关键在于培养孩子认识和判断事物的能力。

（8）诱导法。有的父母认为，自己的孩子是"生成的骨头，长成的筋，天生的拧种"，改不了啦。其实不然，孩子毕竟还小，只要诱导得法，完全可以改变他们任性的毛病。诱导时要多抓积极因素，用积极因素克服消极因素。每当孩子要犯拧时，家长就表扬他们的优点，孩子听到表扬可能情绪就转过来了。

（9）交往法。让孩子多和伙伴们一起玩耍，群体生活的一个重要原则就是少数服从多数，如果个人的意愿与多数人不一致，那么就会被否定。父母应该多让孩子和他们的同学、伙伴一起玩耍。因为在同龄人中间，如果孩子一味地任性，他们就会被群体所孤立，所以即使在家中，比较任性的孩子当处在群体之中时，他们也不会轻易地把任性表现出来，而且，在群体中，那些通情达理、不任性的孩子也会在无形中给任性的孩子以示范，让他们感到任性只会遭人厌弃，而通情达理才会融入群体之中。久而久之，孩子身上任性的毛病就会逐渐淡化。

（10）强化法。要让孩子感到父母喜欢的是不任性的孩子。当孩子刚要任性发作时，父母可以借以前听话时的例子引导他们克制自己。这样有利于调动孩子自己克服任性的积极性，提高孩子控制自己情绪的能力。父母还可以在孩子任性时或任性后，对其任性给予一定的批评或惩罚。这样会使孩子感到父母的严格要求，使孩子认识到任性是一种错误的行为。

第四章

化解不良情绪

愤怒时做一下深呼吸

现实生活中，很多儿童、青少年很容易发怒，周围的人都只知道这个人脾气很大，却很少想到此人很可能是患了一种疾病。中医将容易发怒称为"善怒"，是指无故性情急躁、易于发怒、不能自制的症状，又称"喜怒"、"易怒"，应属于疾病的范畴。

随着年龄的增长，儿童、青少年精神日益紧张，心理负荷不断增加，变得脆弱易怒。从心理学角度看，愤怒是一种情绪，不同的人会有不同的表现方式。有些人易激动，遇到不顺心的事一触即发；有的人会把愤怒压在心底；也有的人此处受气，别处发泄；还有的人自己错了却冲他人发火。这些都不是处理愤怒的好方法。因为人在愤怒时，意志力会变得薄弱，判断力、理解力都会降低，理智和自制力也容易丧失，会在情绪十分冲动的情况下，做出一些不适当的决定以及行动。

但是，引起愤怒的直接"元凶"却不是事件本身。有心理学家认为，人的情绪不是由于某一件事情直接引起的，而是因为经受了这一事件的人对事件的不正确的认识和评价，形成了某种信念，在这种信念的支配下，导致了负面情绪的出现。著名心理医生卡尔·孟宁格说，态度比事实要重要得多。

当你爆发愤怒的情绪时，无论什么原因，不但会使你的肾上腺分泌急速上升，更重要的是，你根本得不到任何的益处。用怒气恐吓你的朋友和亲人绝不是交流的最好方式。通过控制你愤怒时的情绪，你不但会赢得自爱而且可以提高你的威信。这样无论你是在父母、朋友还是陌生人面前，你都会采取平和态度。这是情绪智商的一个基本原则。

你的愤怒情绪爆发之后，可能你会感觉舒服一些，但是这不应成为生活中的习惯，除非你想和你的朋友们对立起来。所以当我们被烦恼、愤怒、绝望等负面情绪包围时，不仅要从事物本身找原因，更重要的是及时检查自己的态度，看看你是否在用消极的态度评价所发生的事情。

其实，使怒气徘徊不去的正是你自己的消极思维方式。一旦你意识到愤怒的情绪是源于自己考虑事情的方式，你就能负担得起控制情绪的责任。要知道愤怒心理可引起种种病症，这是正常的生理现象。只要把愤怒的情绪发泄出来，情绪松弛了，病症也就跟着好起来。如果愤怒的情绪受到压抑，不能自由地发泄出来，情绪上的紧张就不能得以松弛，病症也就一直保持在较高的水平。所以我们需要适当地疏导、宣泄心中的愤怒情绪，而不是积累压抑，长时间压抑对身体健康极为不利！所以，心理专家建议：

1.儿童、青少年要学会观察周围那些精神愉快的人，你不难发现，他们最为明显的特点是善意的幽默感。让别人开怀大笑，在笑声中品味五彩缤纷的现实生活，是消除愤怒的最佳方法。

2.努力学会幽默。幽默可以让人觉得生活醇香扑鼻，它是语言的调味品。幽默会使你和其他人都得到生活中最珍贵的礼物——笑。笑声会使你的生活充满阳光。

3.如果你依然不肯抛弃留存心中的愤怒火种，那么你应以不造成损害的方式来发泄愤怒。以一种更为健康的情感来取代使你产生愤怒的情绪。你很可能会继续厌烦、生气或是失望，但至少你可以消除那种不利精神健康的有害情感——愤怒。

　　心理专家认为，儿童、青少年的愤怒情绪大多数是由于沟通不畅造成的。在大多时候我们感觉与自己直接产生矛盾的人沟通有困难，于是就不再沟通，而采取别的渠道泄愤。但真正成熟和有勇气的做法，是在产生愤怒的地方解决愤怒，儿童、青少年要尽量找机会心平气和地表达自己的意见。这样尝试后，我们会发现，其实许多愤怒是沟通不畅导致的。

　　心理专家说，愤怒就像是压力锅中的蒸汽，发散不出来就会不停地郁积，直至爆炸。因此，消除愤怒、缓解压抑情绪是对身心健康十分重要的事情。一般情况下，让愤怒情绪发泄出来是较为有效的方法，而最可取的是"降温法"。

　　愤怒犹如火山爆发。愤怒的人会变得毫无宽恕能力，甚至不可理喻，思想尽是围绕着报复打转，根本不去想会有什么后果。自己的愤怒不仅使家人、朋友远离你，同时也使自己陷入进退两难的境地。让愤怒之火自行消灭，关键还在于自己进行自我心理调节。

心理疗法

　　（1）深呼吸。这是让心情平静下来的行之有效的方法，可舒缓冲动情绪。还有一些办法来帮助我们处理自己和别人的愤怒：先意识到自己在生气，然后考虑对方，意识到对方也有生气的权利；此后，察觉自己的感觉，是害怕、愤怒还是自责？很多时候，我们是在用愤怒掩盖很多感觉，识别了这些感觉，才会更有效地处理问题；要控制自己不跟着自己的情绪走，也不跟着对方的情绪走；必要的时候暂时离开，好好冷静一下，走之前告诉对方自己会再回来，冷静后往往会对问题有新的看法，处理问题的方法也会理智得多。

（2）用暗示、转移注意法。使自己生气的事，一般都是触动了自己的尊严或切身利益，很难一下子冷静下来，所以当你察觉到自己的情绪非常激动，眼看控制不住时，可以及时采取暗示、转移注意力等方法自我放松，鼓励自己克制冲动。言语暗示，如"不要做冲动的牺牲品"，"过一会儿再来应付这件事，没什么大不了的"等，或转而去做一些简单的事情，或去一个安静平和的环境，这些都很有效。

人的情绪往往只需要几秒钟、几分钟就可以平息下来。但如果不良情绪不能及时转移，就会更加强烈。比如，忧愁者越是往忧愁方面想，就越感到自己有许多值得忧虑的理由；发怒者越是想着发怒的事情，就越感到自己发怒完全应该。根据现代生理学的研究，人在遇到不满、恼怒、伤心的事情时，会将不愉快的信息传入大脑，逐渐形成神经系统的暂时性联系，形成一个优势中心，而且越想越巩固，日益加重；如果马上转移，想想高兴的事，向大脑传送愉快的信息，争取建立愉快的兴奋中心，就会有效地抵御、避免不良情绪。

（3）压抑怒火。这是给自己创造思考的时间。但愤怒情绪是不能压抑的，必须疏导，让怒火慢慢并有节制地释放。

（4）采取一些积极有效的措施来控制自己冲动的情绪。首先，调动理智控制自己的情绪，使自己冷静下来。在遇到较强的情绪刺激时应强迫自己冷静下来，迅速分析一下事情的前因后果，再采取表达情绪或消除冲动的"缓兵之计"，尽量使自己不陷入冲动鲁莽、简单轻率的被动局面。比如，当你被别人无聊地讽刺、嘲笑时，如果你顿显暴怒，反唇相讥，则很可能引起双方争执不下，怒火越烧越旺，自然于事无补。但如果此时你能提醒自己冷静一下，采取理智的对策，如用沉默为武器以示抗议，或只用寥寥数语正面表达自己受到伤害，指责对方无聊，对方反而会感到尴尬。

（5）宣泄。当然，在不伤害别人的情况下，你可以通过做某件事

情,适当地发泄积在心中的怒气。

(6)独处。这样你的坏情绪影响不到别人,也能让怒火冷却下来。

(7)给自己深思的时间。情绪愤怒时要求自己首先要有一定的时间思考,并从多方面、多角度进行思考。

总之,在情绪愤怒的情况下,一定要多角度、全面地考虑问题,这样才能有效地进行自我心理调节,理智地处理所面临的问题。

焦虑情绪影响成长

在青少年的成长过程中，沉重的压力，使他们越来越受到焦虑的困扰。当面临应激或危险时，青少年会感到担忧、害怕或焦虑。在大多情况下，这些情绪反应是正常的，如果反应过分强烈或体验到与事实不相符合的反应时，那就会影响你的成长。如果经常无缘无故地出现无明确对象或无固定内容的紧张害怕，提心吊胆，焦虑情绪对自己的成长极为不利，焦虑情绪的青少年对自己的问题非常苦恼，并想方设法去控制这种局面，当感到无法控制时，焦虑情绪则更像是"火上浇油"，影响青少年的成长。其实，对于焦虑情绪的应对，可以从认知、行为方面来加以矫正，从而，健康地成长。

简单地说，焦虑情绪是一切负面情绪汇合所产生的恐惧情绪。心理学家说，焦虑情绪是因为对威胁性事件或情况的预料而产生的一种高度忧虑不安的状态，精神过敏，高度紧张，严重者能达到生理和心理功能障碍的程度。

焦虑情绪和洋葱头的皮一样，是有不同层次的。同时，它们还有一个共同点，就像是不论哪一层洋葱皮，都可以让你泪流满面一样；不论是哪种程度的焦虑情绪，都会对青少年的健康造成影响，让青少年很不爽。

具有一般程度的焦虑情绪者，大多会产生痛苦、担心、嫉妒、报复等情绪，而且还会对自己产生怀疑；而有严重焦虑情绪者则往往非常激动，非常痛苦，他们喊叫、发噩梦、报复心极强、食欲不振、消化和呼吸困难、过度肥胖，而且容易疲劳。最严重时，生理也会受到影响，如呕吐、冒冷汗、精神紧张、肌肉硬化等等。

根据不同的特征，细致划分起来，焦虑情绪可以分为四个层次：身体紧张，常常觉得自己没有办法放松，全身紧张，眉头紧锁，表情严肃，长吁短叹；自主神经系统反应强烈，交感和副交感神经系统常常超负荷地运动，易出汗、晕眩、呼吸急促，心跳过快，身体时冷时热，手脚冰凉或发热、胃部难受、大小便频繁、喉头有阻塞感；对未来产生无名的担心，常常为未来担心；过分机警，每时每刻都像一个站岗放哨的士兵对周围环境的每个细微动静和人类的言行充满警惕。

很多儿童、青少年都会有意无意地弱化或者忽视焦虑情绪给他们带来的影响。他们觉得只要照常生活，少想那些令人烦心的事情，焦虑的情绪就会自行消失，他们可以继续自己以前的生活，就当什么都没发生过一样。如果真的如此，倒确实没什么必要非得去正视焦虑情绪了。然而，事实证明，焦虑情绪绝对不会自行消失。如果不去解决那些让你焦虑的问题，其结果只能使事态的发展变得越来越糟糕。如果继续对焦虑的种种警示信号置若罔闻，你就会离自我越来越远，继续一种虚伪的生活，直到最终，逐渐和自己变得陌生，和周围的世界变得疏远。

与其让焦虑情绪俘获你，不如将它转化成一种自我成长的契机。甚至应该欢迎焦虑情绪的出现，因为这标志着一个新的挑战，可以引导你走向人生的另一阶段。

正视和接受焦虑情绪，请牢牢记住，焦虑情绪对你而言意味着一个提升自我的机会，让你去完善和发展个性。让我们以更加积极和兴奋的心态去迎接焦虑情绪，以更具创造性的方式去对待它。

下定行动的决心,想出更具创造性的方式来应对焦虑情绪。做好冒险的准备。行动意味着一种主动争取,以一种有效负责的方式去解决问题,必然需要承担一定的风险,但从长期来看,这种风险比起消极态度造成的恶果自然要小很多。即便采取行动的决定可能会让你经历失败或遭到他人的反对,然而,不行动的决定只会让你自己付出更大的代价。

采取行动去解决那些导致焦虑产生的问题,光停留在幻想阶段,停留在自己编织的美好憧憬中是远远不够的,更重要的是,你必须采取实际行动。只有行动才会赋予你勇气和力量。一次次的磨炼会使你更加充满自信地去迎接其他新的挑战,去从容面对各种各样新的焦虑情绪。

在和他人的交往过程中,如何成功地控制自己的焦虑情绪,具有另外一层含义。当今社会中,儿童、青少年之所以会在人际交往过程中感到焦虑,是因为他们对人际关系的观念发生了转变,自己的行为和看法不再需要去一味地迎合他人的期望。自己想要成为什么样的人和别人对自己的期望之间常常是不同的,很多焦虑情绪的产生都是由这种冲突造成的。

在努力战胜焦虑情绪的过程中,你应该时刻牢记内心的矛盾才是焦虑情绪产生的罪魁祸首;只有了解了问题的所在,认清焦虑的本质,并敢于采取主动的方式来控制它,你才能找到真正的解决办法。

心理疗法

(1)增加自信。自信是治愈神经性焦虑的必要前提。儿童、青少年对自己没有足够的自信心,对自己完成和应付事物的能力常常持怀疑的态度,夸大自己失败的可能性,从而忧虑、紧张和恐惧。因此,作为儿童、青少年,你必须首先自信,减少自卑感。应该相信,自己每增加一次自信,焦虑情绪的程度就会降低一点,最终会驱逐焦虑情绪。

(2)自我疏导。轻微焦虑情绪的消除,主要是依靠个人,当出现焦虑情绪时，首先要正视它，不要用自认为合理的其他理由来掩饰它的存在。其次要树立起消除焦虑情绪的信心，充分调动主观能动性，运用注意力转移的原理，及时消除焦虑情绪。当你的注意力转移到新的事物上去时，心理上产生的新的体验有可能驱逐和取代焦虑情绪，这是人们常用的一种方法。

（3）自我放松。当你感到焦虑不安时，可以运用自我意识放松的方法来进行调节，用自我松弛的方法从紧张情绪中解脱出来。具体来说，就是有意识地在行为上表现得快活、轻松和自信。比如说，可以端坐不动，闭上双眼，然后开始向自己下达指令："头部放松、颈部放松"，直至四肢、手指、脚趾放松。运用意识的力量使自己全身放松，处在一个轻松和宁静的状态中，随着周身的放松，焦虑情绪可以慢慢得到平缓，可以想象自己在碧波荡漾的海边或湖边，沐浴温暖和煦的阳光，听得见波涛轻拍岸石的声音，闻得出空气中清新宜人的气息……让自己的身与心得到全面放松，抛弃过分的焦虑情绪。

（4）自我反省。有些神经性焦虑是由于儿童、青少年对某些情绪体验或欲望进行压抑，压抑到无意中去了，但它并没有消失，仍潜伏于无意识中，因此便产生了病症。发病时你只知道痛苦焦虑，而不知其因。因此，在此种情况下，你必须进行自我反省，把潜意识中引起痛苦的事情诉说出来。必要时可以发泄，发泄后症状一般可消失。

（5）良好的自我心态。首先要乐天知命，知足常乐。其次是要保持心理稳定，不可大喜大悲，要心宽，凡事要想得开，要使自己的主观思想不断适应客观发展的现实。不要企图让客观事物纳入自己的主观思维轨道，那不但是不可能的，而且极易诱发焦虑、抑郁、怨恨、悲伤、愤怒等消极情绪。再次是要注意"制怒"，不要轻易发脾气。

放松心中的紧张之弦

当今世界是一个竞争激烈、快节奏、高效率的社会，这就不可避免地给青少年带来许多紧张和压力，影响了青少年的生活和学习。精神紧张一般分为弱、中和强三种。人们需要适度的精神紧张，因为这是人们解决问题的必要条件。但是，过度的精神紧张却不利于问题的解决。从生理心理学的角度来看，一旦青少年长期、反复地处于超生理强度的紧张状态中，就容易造成情绪消沉、悲观厌世、自我封闭、急躁、激动、恼怒严重的会导致大脑神经功能紊乱，有损于青少年的身心健康。因此，要克服紧张的心弦，就是设法把自己从紧张的情绪中摆脱出来。

众所周知，日本是一个自杀率很高的国家，这与其社会竞争过于激烈，人们经常处于高度精神紧张之中是不无关系的。因此，要克服紧张的心理，设法把自己从紧张的情绪中解脱出来。

青少年有效消除紧张情绪，从根本上来说，一是要降低对自己的要求。如果你十分争强好胜，事事都力求完善，事事都要争先，自然就会经常感觉到时间紧迫，匆匆忙忙。而如果你能够清楚地认识到自己的能力和精力是有限的，放低对自己的要求，凡事从长远和整体考虑，不过分在乎一时一地的得失，不过分在乎别人对自己的看法和评价，自然就会使心境松弛一些。二是要学会调整节奏,有劳有逸。在日常生活中要注意调整好节奏,学习时要思想集中,玩时要痛快。要保证充足的睡眠时间,适当安排一些文娱、体育活动。做到有张有弛,劳逸结合。

当青少年已经出现了紧张的情绪反应时,该怎么调适呢?对于这种情况,他们习惯上常常会劝慰当事人:"别紧张!""有什么大不了的!"而面临当事人自己也通常会这样告诫自己:"别紧张!没有什么了不起的!"然而,十分不幸的是,这种办法几乎是行不通的,实际上这会使自己感到更加不安。因为这是在和自己过不去,在给自己制造更大的紧张。正如有句话所说:"情绪如潮,越堵越高。"因此,如何消除紧张情绪,这对于青少年来说是十分必要的。下面介绍一些有效消除紧张情绪的方法:

改掉乱发脾气的习惯。当你意识到自己随时都有可能发脾气时,你应该尽量克制自己,同时将抑制下来的精力去做一些有意义的事情。例如做一些诸如园艺、清洁、木工等工作,或者是打一场球或散步,以平息自己的怒气。

谦让。如果你觉得自己经常与人争争吵吵,就要考虑自己是否过分主观和固执。要知道,这类争争吵吵将会给周围的亲人带来不良的影响。你可以坚持自己的正确的东西,但是静静地去做,给自己留有余地,因为你也可能是错误的。即使你是绝对正确的话,也要按照自己的方式稍做谦让。你这样做了以后,通常会发觉别人也会这样做的。

畅所欲言。当有什么事烦恼你的时候,应该说出来,不要存在心里。把你的烦恼向你值得信赖的、头脑冷静的人倾诉:你的父亲或母亲、挚友、老师、学校辅导员等等。

暂时避开。当事情不顺利时,你暂时避开一下,去看看电影或一本书,或玩玩游戏,或出去随便走走,改变一下环境,这一切都能使你感到松弛。强使你自己"保持原来的情况,忍受下去",无非是做自我惩罚。

当你的情绪趋于镇静，而且当你和其他相关的人均处于良好的状态可以解决问题时，你再准备回来，着手解决你的问题。

为他人做些事情。如果你一直感到自我烦恼，试一试为他人做些事情，你会发觉，这将使你的烦恼转化为精力，而且会使你产生一种做了好事的愉快感。

给别人可以超前的机会。当你处于激动而紧张的情况时，你总是在想"取胜得第一"，而把别人的劝告抛开，尽管事情小得像在公路上驾车超车一样。如果我们大家都如此想——而且大多数人都如此做——那么，任何事情都变成了一场赛跑。其实，用不着这样去做。竞争有感染性。你给别人可以超前的机会，不会妨碍自己的前途；如果别人不再感到你对他是个阻碍，他也不会对你进行阻碍。

使自己变得"有用"。很多儿童、青少年有这样的感觉：认为自己"被忽视"，被人看不起，被抛在一边。实际上这不过是自己的想象，别人正渴望你首先做出表现。可能是自己而不是别人看不起你。你不要退缩，不要避开，你要主动做出一些表示，而不要等到别人向你提出要求。

避开"超人"的冲动。有些儿童、青少年对自己的期望太大，经常处在担心和忧郁的情况下，因为他们害怕达不到目标，他们对任何事物都要求尽善尽美，这种想法虽然极好，可是，容易走向失败的道路。没有一个人是能把所有的事都做得完美无缺的。首先要判断哪些事你做得成，然后把主要精力投入其中，尽你最大的努力和能力去做。做不到时，则不要勉为其难。

批评他人要从宽。有些儿童、青少年对别人期望太高，当别人达不到他们的期望时，便感到灰心、失望。"别人"可能是父母，或是他们的好朋友。对自己父母的短处感到失望的人，实际上是对他们自己感到失望。不要去苛求别人的行为，而应发现其优点，并协助把优点发扬。这不仅使你获得满足，而且使你对自己的看法更趋正确。

心理疗法

（1）坦然面对和接受自己的紧张情绪。你应该想到自己的紧张情绪是正常的，很多人在某种情境下可能比你更紧张。不要与这种不安的情绪对抗，而是体验它、接受它。要训练自己像局外人一样观察你害怕的心理，注意不要陷入到里边去，不要让这种情绪完全控制住你："如果我感到紧张，那我确实就是紧张，但是我不能因为紧张而无所作为。"此刻你甚至可以选择和你的紧张心理对话，问自己为什么这样紧张，自己所担心的可能最坏的结果是怎样的，这样你就做到了正视并接受这种紧张的情绪，坦然从容地应对，有条不紊地做自己该做的事情。

（2）做一些放松身心的活动。①深呼吸，慢慢吸气，然后慢慢呼出，每当呼出的时候在心中默念"放松"；②将注意力集中到一些日常物品上。比如，看着一朵花、一点黄光或任何一件柔和美好的东西，细心观察它的细微之处；点燃一些香料，微微吸它散发的芳香；③闭上眼睛，着意去想象一些恬静美好的景物，如蓝色的海水、金黄色的沙滩、朵朵白云、高山流水等；④做一些与当前具体事项无关的自己比较喜爱的活动，比如听音乐等；⑤选择一个空气清新，四周安静，光线柔和，不受打扰，可活动自如的地方，取一个自我感觉比较舒适的姿势，站、坐或躺下；⑥活动一下身体的一些大关节和肌肉，做的时候速度要均匀缓慢，动作不需要有一定的格式，只要感到关节放开，肌肉松弛就行了。

让悲观远离你的生活

大多数时候,我们在做一件事情时失败了,并不是因为自身的能力不行,或者是客观条件不具备,而是因为遇到一点小困难时就产生了悲观消极的心理,对成功彻底地失去了应有的信心。相反,那些乐观积极的人,即使在前进路上遇到一些挫折或困难,但他们总能想方设法去克服,大有一股不达到目的誓不罢休的劲头。

"两个人从监狱的铁窗往外看,一个人看见烂泥,一个人看见星星。"他们之所以留心的是两种完全不同的事物,主要是因为他们的人生观不同。一位到沙漠的军营里去探望丈夫的军人妻子无法忍受军营枯燥乏味的生活,便写信后她的父亲诉说,她父亲在回信中写了上述那句话,她的生活因之改观。这主要是由于它道出了一个人生真理:所有的人特别是处于困境中的人,都应该对生活充满信心,积极而乐观地面对生活。乐观是对自身生活能力的自信,它能使人在挫折面前奋勇开拓,踏步向前。而悲观则是一种消极避世的人生观,它使人们沉湎于旧日的失意,迷失在痛苦的回忆中而不能自拔,它使人们在挫折面前一蹶不振,无法面对未来的再次考验。

我们要始终相信生活是美好的,虽然也不免有一些伤心和痛苦,但这些都是生活的本色,我们要勇敢而乐观地面对它。海伦·凯特虽然又聋又瞎,但她却说:"我发现生命是这样美好。"身处困境的她看到了生活的美好,感悟到了生命的价值和真谛。乐观赋予她生活的勇气,使她以不屈的意志和勃然的生机战胜了厄运。我们所熟悉的大作曲家贝多芬,他既有对和平生活向往的《田园》,又有勇往直前的《英雄》,还有向生活、困难挑战的《命运》。他的作品正反映出了他的不幸和对生活的态度。面对失聪,他没有退缩,没有悲观,生活的馈赠激发了他的自强意志,生活的磨难化成了他作品的源泉和灵魂,音乐塑造了一个世纪伟大、乐观、不屈的生命。戈壁滩上的胡杨树活了一千年不死;死了一千年不倒,倒了一千年不朽,飞沙走石中守住了生命的鲜活,孤苦凄然中昂起了信念的不屈。正是胡杨的这种勃然生机使戈壁中的它挺拔出了撼人的大气。大气的人顶天立地,大气的人生,会像北极星一样璀璨永恒。面对生活,面对困难,我们也应以乐观的态度直视它。

有积极乐观,当然也有消极悲观,那些整天愁眉苦脸,看什么都不顺眼,甚至要寻死觅活的青少年就是如此。遇到一点困难,生活有挫折,就说命运对他们不公,就自毁自灭,甚至于堕落,这种例子已有不少。古时有寻世外桃源的,有隐居山林的,有"看破红尘"出家的等等。而今,已无法脱离社会的这类青少年,就甘愿沉沦,随遇而安,不求进取。这些青少年是生活的弱者,是懦夫。他们不敢吃苦,贪图安逸,总是幻想着一切都是美好的,他们也只能生活在幻想中。

尼采曾说:"受苦的人,没有悲观的权利;失火时,没有怕黑的权利;战场上,只有不怕死的战士才能取得胜利;也只有受苦而不悲观的人,才能克服困难,脱离困境。"

赫尔岑说:"会在快乐时微笑,也要学会在困难中微笑。"因为笑,就是春天的阳光,它能消除人们脸上的气色。

心理疗法

儿童、青少年的心理活动，可以说没有一刻的平静，忽而兴奋、欢乐，忽而沮丧、消极。情绪乐观的儿童、青少年也有不幸与烦恼，但善于排遣解脱。也有的儿童、青少年大部分的生活被消极情绪占领，或哀叹嗟悔、灰心丧气，或牢骚满腹、怨天尤人，而不善于解脱排遣。要摆脱这种悲观情绪，需要个人进行心理的积极调适。

（1）当欲望蠢人。乐观的儿童、青少年常常自我感觉良好，对失败有点可贵的"马大哈"精神。而悲观的儿童、青少年经常焦虑不安，后悔本应做得更好的事未能做好，对别人获得的每一个成就、荣誉都想无条件地取得，这样的儿童、青少年最后总是既有无穷的欲望又有无穷的懊悔。

（2）别盯住消极面。你可能对多次受到别人的"抢白"和不公正的待遇记得很牢，或你总是对自己说："我真倒霉，总被人家曲解、欺负。"那你当然没有一刻的轻松愉快。如果你把注意力盯在与别人友善、和好的事物上，并常常告诉自己，误解、敌视毕竟是次要的，并把愉快、向上的事串联起来，由一件想到另一件，你就可以逐步排遣自怨自弃或怨天尤人的情绪。

（3）不要制造人际隔阂。别人在背后说自己的坏话，或者轻视、怠慢自己，想想不是滋味，于是以眼还眼，以牙还牙。结果你又多了一个人际屏障。那当然也使你整日诚惶诚恐，不知他人在背后又要搞什么。

正确的方法是：净化自己的诚意，不回避对方，拿出豁达的气度，主动表示友好。这样做，使你找到最利于个人情绪健康的方式。

（4）不要过于挑剔。大凡乐观的人往往是"憨厚"的人，而愁容满面的人又总是那些不够宽容的人。他们看不惯当今社会的一切，希望人世间的一切都符合自己的理想模式，这才感到顺心。挑剔的人常给自

己戴上是非分明的帽子，其实这是在消极地干涉他人的人格，怨恨、挑剔、干涉是心理软弱、"老化"的表现。

（5）学会躲避挫折。遇到情绪扭不过来的时候，不妨暂时回避一下。打破静态体验，用动态活动转换惰性，只要一曲音乐就会将你带到梦想的世界。如果你能跟随欢乐的歌曲哼起来，手脚拍打起来，无疑，你的心灵会与音乐融化在纯净之中。同样，看场电影，散散步，和朋友谈心都能把你带到另一个情绪世界。

（6）偶尔也要屈服。如果你不小心出了意外，只能依靠轮椅行动，那对你无疑是重大的打击。而残疾的身体往往使人变得浮躁、悲观。但是，浮躁、悲观是无济于事的。你不如冷静地承认发生的一切，放弃生活中已成为你负担的东西，终止不切实际的希望，并重新设计新的生活，只要不是原则问题，不必过分的固执。

切记：急火攻心

急躁情绪是神经系统兴奋和冲动的表现。凡有急躁情绪者，遇事当前往往不慎重地付诸行动，结果事与愿违，接着陷入灰心丧气之中。另外，由于急于求成，长伴有情绪紊乱，打破了和谐和平静的心态，给身心健康造成了莫大的影响。特别是青少年，遇事容易急躁，不加思考地去实现行动。

急躁情绪的产生与气质类型有关，还与个人后天生活环境有关，即受社会生活条件影响而造成的，例如，在家排行老大的青少年易急躁，因为父母总对他们的要求过于严格，什么事都要快、要好，要给弟妹做出榜样，久而久之，形成了急躁的性格。急躁关键在于自己的心理知识，急躁者充满胜利的理想和进取心，试图超越所有认识的人，因而努力克服困难，总觉得时间非常紧迫，所以惜时守时，表现出急躁。这类儿童、青少年往往智力较高，能力较强，成绩较好。有时，急躁与儿童、青少年对生活学习的日程安排有关。

一般来说，有些做事缺乏计划性和计划性过强的儿童、青少年容易产生急躁。做事缺乏计划性，东一榔头，西一棒槌，什么也没少做，什么都没做好，势必导致手忙脚乱，着急上火；计划性过强的青少年，做起事来十分机械，总有一种过分的紧迫感，一旦前一个计划没有及时完成，马上就会焦急起来，这样势必影响下一个计划的执行，导致匆匆忙忙，急躁不安。

急躁情绪的弊端是显而易见的，现在生活的节奏不断加快，容易给儿童、青少年带来极大的精神压力，会使人心神不宁，经常在惴惴不安中生活；它会打乱人的生活、学习、工作的正常秩序，并常常会造成"忙中出错、虎头蛇尾和不了了之"等不良的结果，急躁的人容易发怒，因而既影响了人际关系，又影响了自己的身心健康。由于急于求成，常伴有情绪紊乱，打破了和谐与平静的心态，给身心健康造成了很大的影响。

因此，容易急躁的儿童、青少年，应具有持久不懈的克服急躁情绪的精神准备，从点滴入手，培养心境的宁静和稳定，建立一套新的行为规则，督促自己过有秩序的生活，培养行为的计划性、条理性，使生活充满节奏感。

心理疗法

在日常生活中，儿童、青少年难免会因为各种因素产生急躁情绪，因而影响了别人对自己的评价和自己的身心健康。那么如何控制急躁情绪呢？

（1）以冷制急法。一是在重大行动前耐心地做好周密准备；二是时刻保持清醒；三是对不利情况冷静分析，采取恰当的对策，改变和消除不利情境，切忌快刀斩乱麻，不顾一切蛮干一通，这样会把事情办得更糟。

（2）行为条理法。容易急躁的儿童、青少年，应具有持久不懈的克服急躁情绪的精神准备，从点滴入手，培养心境的宁静和稳定，建立一套新的行为规则，督促自己过有秩序的生活，进行有秩序的工作，培养行为的计划性、条理性，使生活充满节奏感。

（3）办事前做到自我暗示。当急躁情绪已经产生时，及时进行心理上的自我放松，办事前心中可以默念"沉着，沉着"、"冷静，冷静"。在暗示下，慢开口后动手，使冲动和急躁的心情平静下来，这样就会取得明显效果。

（4）磨炼法，采取一些措施，把急性子磨慢。经常做些需要很大耐心和韧劲才能做好的事。如练习、临摹绘画，解乱绳结、下棋、解魔方等等。持之以恒，一般都能收到较好效果。

（5）预期时间法。确立合理的、适度的预期时间。有的人没有达到预期目标就急躁起来，看到收效不明显就发急。这些都是预期时间不恰当的缘故。而这些急躁情绪又都会妨碍人们做持续努力，最终会影响目标的实现。那种企图通过"短促突击"就能立见成效、一鸣惊人的想法是很不现实的。

（6）做事始终如一。急躁的儿童、青少年做事千万不要虎头蛇尾，做任何一件事时，不但要有良好的开头，还要有满意的结尾。因此，保持善始善终也是克服急躁的重要环节。

（7）加强素质训练。急躁往往和个性密切联系在一起，并形成了习惯性。为了克服急躁，可以通过下棋、书画、做小手工艺品等方法磨炼自己的耐性和柔韧，久而久之，会自然地养成不急躁的好习性。

控制急躁情绪也并不是一朝一夕的事，需要有一个过程，才能收到效果。因此，控制急躁需要下定决心，要有意志力才行，否则不可能取得效果。

正面面对抑郁情绪

　　每个人都会有不快乐和心情不好的时候。抑郁情绪是生活中常见的情绪困扰,是一种感到无力应付外界压力而产生的消极情绪,常常伴有厌恶、痛苦、羞愧、自卑等情绪。对大多数人来说,抑郁只是偶尔出现,历时很短,时过境迁,很快就会消失。但对有些青少年来说,则会经常地陷入抑郁的状态而不能自拔。当忧郁一直持续下去,愈来愈严重,以致无法过正常的日子,即称抑郁症。

　　一般而言,导致青少年产生抑郁情绪的原因主要是性格原因。所以,青少年首先要做的事就是改变自己看问题的方式,调整自己的心态。造成这种情绪上的不良状态主要与八种心态有关。

　　敏感多疑。有些青少年无事生非,终日担心自己将大病临头,遇事往往自我断论,主观猜疑,杞人忧天;走极端。这种现象表现为青少年运用非此即彼的方式去思考问题,不是白就是黑,这样的青少年一遇到挫折便有彻底失败的感觉,进而觉得自身已不具有任何的价值,从而便失去自信;消极思维。有的青少年遇事总想消极的一面,就像戴了一副变色眼镜看问题,滤掉了所有的光明,整个世界看起来暗淡无光,都是灰色的。并且还往往用一个忧郁的假设支配着自己的思想,对事物只抓住它的消极部分，并牢牢记住；以偏概全。认为事情只要发生一次，就会不断的重现。生活中遇到某种困难与不幸，即认为困难、不幸会重复出现。自卑心理。有些青少年总习惯用悲观、消极、绝望的观点看待问题，无意中产生了自卑心理，在自卑的指引下，认为自己处处不如他人。如果自己遇到挫折，不从根本上找原因，而是毫无根据地自怨自艾或愤世嫉俗，导致本来松弛的情绪变得更加紧张；自我评价过低。有的青少年把一般性过失、欠缺、挫折和困难看得过于严重，似乎做了不可逆转的错事。生活中总是过分夸大自己的不足和过低估计自身的长处，做事时常灰心大于信心；扩大推理。有的青少年把自己的不良感觉当成事实的证据。如："我有负罪感，那么我一定是干了什么坏事。""我觉得力不从心，那么我一定是'低能儿'。"对失败则认为是"早知道结果会是这样，又一次证明了我的无能。"尤其情绪低沉时，这种感觉推理特别活跃；自责自罪。有的青少年总是主动承担别人的责任，并且妄下结论，认为一切坏的结果都是自己的过失和无能所致。比如有些无意中的过失，他人并没有计较，或者早已忘掉了，可他们却还在忧心忡忡，担心他人对他们有看法、有成见。这些青少年过分注重他人的脸色，以致遇事束手无策，不敢行事，或者自暴自弃，不能有所进取。此种变形的自卑、内疚心理来源于人格的变形和过分的责任感及义务感。

抑郁情绪的种种表现归结起来主要有六种：

1．不良暗示。主要表现在两个方面：一是潜意识层的，会导致生理障碍。当患者到了一个特定的环境下，就感觉头晕、恶心、腹痛、肢体无力等，当离开这个特定环境，回到家中，一切又都正常；另一种是意识层的，专往负面去猜测。如患者自认为考试成绩不理想；自己不会与人交往；自认为某些做法是一种错误，甚至是罪过，给别人造成了麻烦；自己的病可能是"精神病"，真的是"精神病"怎么办等。

2．坦途无悦。面对达到的目标、实现的理想、一帆风顺的坦途，患者并无喜悦之情，反而感到忧伤和痛苦。如考上名牌大学却愁眉苦脸、心事重重，想打退堂鼓。有的在大学学习期间，经常无故往家跑，想休学退学。

3. 似病非病。患者一般年龄较小，不会表述自己的情感问题，只说身体上的某些不适。如有的青少年经常用手指着头，说头痛头昏；有的用手捂着胸，说呼吸困难；有的说嗓子里好像有东西，影响吞咽。他们的"病"似乎很重，呈慢性化，或反复发作，但做了诸多医学检查，又没发现什么问题，吃了许多药，"病"仍无好转迹象。

4. 要换环境。可能在家里或学校发生过一些矛盾，或者根本就没什么原因，患者便深感所处环境的重重压力，经常心烦意乱，郁郁寡欢，不能安心学习，迫切要求父母为其想办法调换班级、学校等等。当真的到了一个新的地方，患者的状态并没有随之好转，反而会另有理由和借口，还是认为环境不尽如人意，反复要求改变。

5. 反抗父母。患者在童年时对父母的管教言听计从，到了青春期或走上社会后，不但不跟父母沟通交流，反而处处与父母闹对立。一般表现为不整理自己的房间，乱扔衣物，洗脸慢，梳头慢，吃饭慢，不完成作业等。较严重的表现为逃学，夜不归宿，离家出走，跟父母翻过去的旧账，要与父母一刀两断等。

6. 自杀行为。重症患者利用各种方式自杀。对自杀未果者，如果只抢救了生命，未对其进行抗抑郁治疗（包括心理治疗），患者仍会重复自杀。因为这类自杀是有心理病理因素和生物化学因素的，患者并非甘心情愿地想去死，而是被疾病因素所左右，身不由己。

心理疗法

抑郁情绪是一种常见的情绪障碍，长期抑郁会使人的身心受到损害，使人无法正常学习和生活，但也不需要过分担心，经过妥当的调适后，大多数人都可以恢复正常、快乐的生活。

（1）自己调节情绪，逐步改善心境，从而使生活重归欢乐。

要想消除抑郁情绪，首先应该停止对自身及周围世界的埋怨，明确自己的认知错误来源于以感觉作依据来思考问题。因为感觉不等于事实。每当你焦虑抑郁时，切记以下几个关键步骤：记录。瞄准那些自然消极的想法，并把它们记下来，别让它们占据你的大脑；反思。读一遍本文提及的几种认知扭曲的模式，准确地找出你是怎样曲解事实的，一定要击中要害；改变思维方式，调整心态。用更为客观的想法取代扭曲的认知，彻底驳斥那些让你自己瞧不起自己、自寻烦恼的谬论。一旦开始这些步骤，你就会感到精神振奋，自尊心增强，无价值感就会烟消云散。

（2）要客观评价自己和他人，不妄自尊大，更不妄自菲薄，看清自己的长处，建立自尊，增强自信。不盲目地把自己同别人做比较，不管别人是否比你得到更多的好处，你都不要在意，重要的是自己的感觉。常以积极健康的心态鼓励自己，从中体验到更多的成功和快乐。

（3）要看到事物的光明面，不把事物看成是非黑即白，遇到不愉快的事，要从好处和积极方面着想，以微笑面对痛苦，以乐观战胜困难。

（4）转换不愉快的记忆画面，人的头脑对画面的记忆远胜于文字及言语。为什么过得不快乐？是因为脑海中有不愉快的画面。所以，修改脑中画面，创造活力，这是决定我们幸福人生的关键。一些不愉快的画面，你可以重新定义，发掘里面的主角、配角的种种可笑虚伪之处，重新诠释定义，有助于情绪的转换。

怨恨让一粒甜葡萄变酸

怨恨是一种不好的情绪，它会让你觉得世界很不公平，而这也许是人类喜欢强调公平竞争的原因之一。科学家认为，希望得到和他人一样的公平待遇，是人类特有的一种想法。怨恨是一种有明确的前因后果的心灵自我毒害，这种自我毒害有一种持久的心态。

怨恨是一种精神状态，有些儿童、青少年受一种恶意感的支配来对待生活。他们忍受着它的折磨，感受到自己的虚弱，不相信怨恨感的来源有任何改变的可能。舍勒相信"怨恨会仅仅冒个头，比如说你不可能将它们付诸行动——即因为身体和精神的虚弱，又因为胆怯。那些极端情绪特别强大，更可能会马上受到抑制。"这种精神斗争往往酿成了"怨恨"和"中毒"的个性。这种个性后来发展到如此程度，以致受苦怨恨最后几乎变成了享受那些来之不易的批评机会。受怨恨驱使的批评并不期待连根拔除它所认为的错事、坏事或者罪恶；没有了这些缺点和错误，"谩骂和攻击所给予他的快乐"将不复存在。

人生活在世界上，大家各走自己的生命之路，难免有所碰撞；即使心地和善的人有时做事也难免伤害别人的心。当一个人的心灵受到别人损伤之后，不免对伤害者产生怨恨的情绪。

怨恨是一种不易发觉的消极情绪，它正对你产生影响，实施折磨。那些客观存在的不良事件只会在当时影响你，而过后影响你的情绪的是你的记忆和怨恨。当你怨天尤人的时候，绝不会发现自己的问题和想法改变未来，只是怪罪上天对你的不公。老天爷又拗不过你，所以你会更加怨恨，如此恶性循环。

抱有怨恨情绪的儿童、青少年应该设法矫治，应该学会控制自己的情绪，或是找一种方式去排泄这种抱怨。

一个人身背重负是无法走远的，可是有的人却情愿将一块巨石压在心里，几年甚至几十年不肯放下，比如长期带有怨恨情绪。

如果几十年始终爱着一个人，那肯定是一件极幸福的事；如果将爱转为恨，并且是难以释怀，则是十分危险而且不明智的，因为这样，你便会让那个人在自己心里一直存活着，并且容忍他（她）不断地带给你不愿回首的东西。这如同是在心里暗藏了一把刀，时常会刺痛自己原本脆弱的心。于人，不伤毫发；于己，痛彻肌肤。

我们身边不断有人把自己划入日益扩大的不幸者中的一分子，其实，在你选择了怨恨的同时，就等于放弃了幸福。因为有爱，所以要付出努力，而且无怨无悔；如果心存怨恨，那么等你年老时必定是又怨又悔，因为几十年的时光都只在怨恨中度过了。

从某种意义上说，作为心理感受，爱与恨的力量同样是巨大的。怨恨犹如一粒有毒的种子，放在心里时间越长，对自己的杀伤力就越大，甚至可能由于它的疯狂生长而左右你的正常言行，最终付出惨痛的代价。正如许多曾经相爱的有情人"难成眷属"后，最终选择反目成仇。

很多惨案、很多矛盾、很多不悦都来自"怨恨"，不管理由如何，怀恨总是不值得的。潜留在我们内心里的侮辱、永难平复的创伤，都能损坏我们生活中的许多可爱的事物。怨恨就像毒害我们的血液、细胞的毒素一样，影响、侵蚀我们的生命。

怨恨也会造成意外事件。交通问题专家说："发怒的时候永远不要开车。"心里总是惦记着丈夫如何不懂体贴的妇女，比起那些心里毫无杂思的妇女，更容易在家里发生意外事件。另一方面，爱与同情则有激发活力的作用。正如一位健康学博士所说："宽宏大量乃是一副良药。"

心理疗法

（1）认识怨恨的危害，怨恨者使自己失去欢乐，损害健康。要知道，怀有怨恨情绪，受害者往往是怨恨者自己，而不是被怨恨的人。

（2）要正视怨恨的存在，许多人都把怨恨隐藏在心底，不愿公开承认自己怨恨别人，但怨恨实际上是在损伤着人的情感。承认怨恨的存在，就等于强迫自己对灵魂施行手术，这样才能根除怨恨这块心病。

（3）让过去不愉快的事过去吧，沉湎于个人恩怨的回忆之中，勾起不愉快的事，只能积怨记恨；不如让过去的事情过去，争取获得未来的幸福。忘掉过去不愉快的事，压抑情绪就自然会消失了。

（4）要做到宽恕，去除怨恨的最佳方法是宽恕。要做到宽恕，就要将错事与做错事的人区分开来，要分析被怨恨者的长处和缺点以及他做错事的具体原因，体谅做错事的人的处境。埋怨错事，但不抱怨做错的人。只要宽恕了，怨恨也就烟消云散了。

第五章
直面压力是一种勇敢

怎样才能避免压力

正如我们对待困难的态度可以决定我们最终可否战胜困难的道理一样，只要我们敢于面对压力，就可以让自己树立信心，从而找出行之有效的消除及缓解压力的方法。由此可见，决定事情成败的关键往往不是技巧与方法，而是态度。

自从我们踏入这个社会，就注定要承受现代社会所给予我们的任何压力，我们应该把它看做是社会留给我们的一种取之不尽的财富，通过与各种压力的不断抗争，不断重新认识自己，认识这个社会。同时，我们可以将它看作是陪伴一生的朋友，它会给我们一个充满色彩、跌宕起伏的人生，将会使我们无憾于这一生。

人们一直生活在两种压力中，一是作用于躯体的物理压力，如大气压、地心吸引力、心脏压力等，这些压力维持生命形式。二是内在的精神压力，如生存竞争的压力、对危险与死亡的恐惧、人际压力、情绪与情感的压力等，这些压力保持人的警觉（清醒状态）和合适的行为模式。

做好压力管理首要原则是要对压力有所觉察。机体对压力往往有一种天生的吸收、缓冲机制，一般的生活压力会被身体转化成活力与激情。如果一个人生活在流动的、不停变化的压力之中，他的机体不仅可以是健康的，也是有饱满能量的。

压力过小的生活让人消沉、昏昏欲睡、机体懈怠、思维变慢。但有两种压力可能使机体调节失常，一是突如其来的过大压力，二是持续不变低量的压力。

觉察压力有三个层次：稍微过多的压力引发纷乱的情绪。较大的压力带来躯体各种不适反应。过大的压力出现意识缩窄，对环境反应迟钝，心身处在崩溃的边缘。

压力管理的第二个原则是平衡。躯体与精神两种压力有点像跷跷板，躯体压力大，精神压力也会慢慢增大，反之亦然。通过放松来释放躯体压力，精神的压力也在释放。

当我们集中心智学习太久，或者长期处在竞争的状态里，可通过机体的放松来释放内在的压力。而当我们懈怠太久，无所事事的时候，通过机体的运动来保持精神的活力。

压力管理的第三个原则是处理压力的技术。管理好各类压力有很多可操作的好方法，如写压力日记、生物反馈、肌肉放松训练、冥想与想象、倒数放松、自我催眠、一分钟放松技巧等，并按照各种生活场景给予恰当的提示与指导，可以作为人们压力管理的手册。

压力管理的第四个原则是保持积极心态。良好的心态可增加人们应对压力的能力，不良的心态本身就像一团乱麻，干扰人的内心。

当然，更主要的是要对压力有正确的观念。压力并不可怕，可怕的是我们对压力有不恰当的观念与反应。越怕压力就越会生活在压力的恐惧中，喜欢压力的人在任何压力面前都会游刃有余。

如果学会管理压力，就可把压力变成实实在在的动力：行为有效、感情丰富、精力充沛……

心理疗法

人总是会遇到挫折,感受到压力,体验到愤怒、痛苦、无奈、伤心等等的不良情绪。遇到这种情况,青少年我们应该怎么办?

(1)自我激励法,人需要激励,而自我激励比外部的激励更可靠,因为只有你自己最清楚自己什么时候需要激励。会自我激励的人,好比自己随身带了个急救包,可以随时打开,医治自己心灵的创伤。人在遇到挫折、感到痛苦时,最需要激励。但是,人们往往在这时会受到责备,或者进行自责,所以,保持健康的心态需要进行自我激励。换句话说,心理健康的人,会进行自夸!特别是在遇到挫折时,他们会在内心深处对自己进行表扬!

(2)渐进式放松法。儿童、青少年可以让你身体某一部分的肌肉(比如胳膊)尽力绷紧,然后再有意地让肌肉放松。让身体每部分的肌肉依次进行紧张和放松,你的身体会变得轻松、舒畅,从而在很大程度上消除紧张。

(3)深呼吸,在遇到挫折、感到压力时,一个最简单易行的处理方法就是深呼吸。儿童、青少年在紧张时往往会下意识地屏息呼吸,血液中的氧气反而减少了,但是你的大脑需要充分的氧气供应才能正常的思考,所以,人在紧张时可能会做出一些不加思考的错误反应,如骂人或打架等。在紧张时,先不要做反应,而是深深地吸几口气(一般别让对你不友好的人注意到),这样一来有了思考的时间,二来也给大脑补充了营养。

(4)文字法,在感到痛苦、难受时,将自己的感受、经历、想法统统写出来,想到什么就写什么,不要考虑形式,也不要管内容是否连贯,只要是当时想到的,都可以写。

(5)涂鸦法,拿一支铅笔、彩笔在一张大纸上随意涂抹,说不定你能在解决情绪问题的同时，创作出一幅高水平的抽象画。

（6）运动法，选择一种运动方式，让自己的心情在运动中慢慢平静。例如，你可以在适当的时间到操场去跑上几圈，或者去打一场球，练练拳击，等等，在肌肉的运动和舒畅的汗水中，让挫折感慢慢消散。

（7）喊叫法，找个没人的地方，大喊几声，大哭一次，让情感得到尽情地发泄，不过最好别让对自己不友好的人看见，要不然那种怪异的眼神也会让自己难受。当然，你要不在意这种眼神也没关系。

（7）想象法。你可以随意想象一些让自己感到舒适的事情，例如：躺在海风吹拂的棕榈树下；钻入一个坚固的地下城堡里，听着炸弹在上面爆炸，但是不能伤害你分毫……在这样的想象中，你的挫折感、压力感会渐渐地减轻！

（8）积极行动法。俗话说，"扫帚不到，灰尘是不会自己跑掉的"，化解不良情绪的目的还是为了解决问题，如果问题不解决，情绪更会越来越恶化。所以，遇到挫折时，我们只有面对问题，充分准备，勇敢、积极地解决问题。

例如，你不得不进行一次你感到害怕的演讲，那么只有提前准备材料，书写提纲，预先练习。在走上讲台时深呼吸，进行自我鼓励，然后大胆地发言吧。随着你演讲的进行，你可能发现，原来不过如此，并且从此之后，你可能变得热爱在大庭广众之下发言了。正如一首歌中所唱的"不经历风雨，哪能见彩虹"，人正是在挫折和压力之下百炼成钢，逐渐成熟起来的。

压力与心理健康

压力更多的是作用与心理的，儿童、青少年在面对威胁性情境或不良事件时所出现的生理或心理上的紧张状态，面对压力儿童、青少年会感受到挫折和内心冲突。

所谓挫折是指个人的动机性行为造成障碍或干扰，因而产生的烦恼、困惑、焦虑、愤怒等负面情绪所交织而成的心理感受。从心理学上讲，重要的不是挫折，而是对于挫折的感受。一件事情，一个人认为是挫折，别一个人可能觉得无所谓。理想的做法是持中，对挫折的感受既不可太强，也不可没有。

冲突是指心理冲突，指个人内心里同时怀有两种动机而无法同时满足所形成的心理困境。分为双趋冲突、双避冲突和趋避冲突三种。人的生活是多层面的，有不同的层面，有事业的层面，也有社会的层面。在不同层面中遇到的问题，都需要个人选择判断，在做出选择与判断时，有的重在感情，有的重在理性，更有的因患得患失而不得不考虑各种利害关系。

这样看来，日常生活中的心理冲突的困扰在所难免。也许能力越高越强的人，面临的心理冲突越多，因为他比一般人有更多的动机与追求的目标。动机与目标越多，在选择上又怎能避免冲突的困扰呢？

压力到底会对心理产生怎样的影响，需要从三个方面加以考虑：压力的大小。按照事件的强度，可划分为危机性压力源、重大压力源和日常压力源；按个体的控制感水平，可以划分为控制性压力源和不可控制性压力源。应对策略。面对压力情境或事件时，调动自身内部或社会资源以对该情境或事件做出认知调节和行为努力的动态过程，应对策略可以分为有效的策略与无效策略。社会支持。是个体社会性发展所依托的社会关系系统，是个体采用应对策略和应对外部行为的重要外部资源。具体的支持方式有：情绪性、工具性、信息性和评价性等。其中良好的社会支持系统可以帮助个体解决所面临的压力，使得压力得以释放，从而促进个体的心理健康；社会支持也可以直接或间接的方式提高个体的心理健康水平。

当以上压力的三个方面失调、超出了个人的承受能力时，就会出现心理健康的问题。生理方面可导致植物性神经系统、内分泌系统和免疫系统的功能紊乱，从而导致多种疾病的发生，较多见的身体症状有：心悸、头痛、脖子紧、失眠、胡思乱想、常觉胸口闷紧、手脚麻酸、注意力不集中等，在这种情况下，如果身体检查没有明显的、严重的躯体疾病，可说明心理压力已经比较严重了。心理方面，容易引发如恐惧、焦虑、抑郁、冷漠等负面情绪，这些不良情绪是引起心理适应困难与心理疾病的重要原因。

适度的压力有利于更好的生活，也有利于人的身心健康。但凡事要有个度，超过了个人能够承受的程度，就必须及时缓解。如何缓解压力，保持心理健康呢？

第一是回避和远离压力来源。这需要根据儿童、青少年个人的情况而定，没有对每一个人统一适应的模式。随着时间的推移，它对你情绪的扰动就会显著的降低，在情绪平静时处理效果会更好些。

第二是恰当，地合理地使用心理防御机制。比如被父母批评以后，想关键是自己没有做好，父母应该批评。对其他人也是如此，是合理的，自己可能心平气和了。常用的心理防御机制还有压抑、投射、升华等。

第三是重新评价事件或者情境。问题也许没有你当初想的那么严重。换一个角度考虑问题可能会豁然开朗。即使是失误或错误也还有补偿的机会。

第四是寻求支持。当心理压力过大时，可以适当地向亲戚、朋友、心理医生倾诉和求助，不要硬撑。其实承认自己在一定时期软弱，然后通过外部有益的支持降低紧张、减弱不良的情绪反应是明智之举。

第五是适当的运动和培养多种爱好。当一个人处于不良的心理状态，或者不良的心境状态中的时候，坐在那里苦思冥想、发愁、哀叹，不但无助于问题的解决，反而会加重负面情绪。走出室外散散步、跑一圈、打打球、做体操、游泳运动，都会释放心理压力，调整情绪。

第六是主动采取行动消除压力。如果一个压力是客观的，一味回避不是根本的解决办法。变被动为主动，采取有效的行动，改变现状才是上策。这要解决两点认识问题：一是任何事情都是可以改变的。二是采取行动才能改变。比如一个人感觉到自己在集体中缺少知己，与人不能沟通，由此心理压力很大。确定上述的两点认识之后，开始找原因。有别人的原因，有自己的原因。别人是难以直接改变的，或者说只有通过自己的改变去影响别人的改变。

心理疗法

（1）接受压力，好像接受风雨一样，压力的增强更来自于内心的躲避。

（2）管理压力，把注意力放在可以控制的变数上，而不是不确定的因素。

（3）重视压力，压力是对个人的提醒，管理压力更是自我完善的过程，如个性完善、理念的合理化、技能的提高。

（4）分析压力的来源，不要因为别人的发展速度快而生气。

（5）压力是不是来自一种不良习惯？如习惯性地以消极念头看待自己和生活中的人，习惯性地自我怀疑和自我批评，习惯性地躲避压力。多年养成的习惯需要花时间和精力去改善。

（6）审视你的目标和期望，不要设立不切实际的目标，对自己的未来做合理的期望。

（7）注意自我保护，首先要肯定自己，接纳自己，善待自己，学会从不同角度看待事物。不要把注意力过于分散，把价值10元的精力放在价值1分的事情上，真实地面对压力。

（8）付诸行动，别把时间浪费在担心失败上。

（9）友情抗压力，有较多亲密关系的人，能和人讨论深刻感受的人，通常较能应付压力，不会被危机击倒，能振作起来，面对挑战。

（10）运动减轻压力，做做放松训练。

消除压力的好方法

生活中有许多事情看起来很普通和平凡,但往往会因为个人的认识、既往的经历和思维方式不同而给人的身心健康造成不良影响。心理学家早已研究发现,长期超负荷、难以预测和控制的学习会对人的健康构成危害,这在很大程度上与都市生活的竞争和压力有关。在现代社会里,压力普遍存在于人们的生活中,它是人们进取的动力,但也可能带给人们各种身心疾病,破坏生活品质。

所谓的压力是当我们去适应由周围环境引起的刺激时,我们的身体或者精神上的生理反应。这种反应包括身体成分和精神成分,还可以导致其他的积极的或者消极的反应。

人活着就会感受到压力。没有人是可以"免疫"的,不管你喜欢与否,压力是生活的一部分,它会每天都会伴随着我们。压力也是一种正常现象,每个人都会经历,譬如:头发剪坏了、争吵、迟到等,都是压力的导火线。

一般而言,98%的压力来自芝麻小事,只有2%的压力可能造成生活上的大问题。然而,这2%的压力却产生了98%的"负面性压力"。有人面对压力,会暴饮暴食、酗酒、吸毒等等,但有人却会把压力视为机会,借着压力将自己转化得更成熟稳健。

压力可以是问题也可能是机会。若是你不懂得如何处理压力，它便对你有害；反之，压力可以帮助你了解自己，使你更加成熟。

1. 确定目标并朝目标努力。造成个人压力的主要原因之一是感觉生活漫无目标。没有计划及目标，深化是很难有方向的，确定踏实而做得到的目标比一个浮夸不实的目标对你有益。目标和计划，不仅提供生活的兴趣和方向，同时也能缓解每天生活上的各种压力。

2. 发掘你的本性。你的本性是像乌龟一样的平缓？或是像赛马一样的快速？找出你属于哪一类型，好好运用它。当赛马想变成乌龟时则经常会造成心理压力。反之亦然。认清自己本性，你就能善于利用压力。多阅读心理压力及相关的书籍有助于你发掘本性，也能改变你的行为及生活。

3. 人际关系。没有什么比与他人交往更能有效地治疗和预防压力的了。小时候知道，而长大也不该忘记，我们都需要爱和欢笑。要知道何处是你的支持网，在何处可以得到聆听、关爱和帮助。如果你找不到支持网，那么你真该去结交些朋友了。

4. 接受无法改变的事实。时间与价值在改变，我们就应该接受这些改变。你是否已经接受这些无法改变的事实，还是对它感到愤怒、烦忧或是因为它而产生"压力"呢？

5. 寻求一个温和而有趣的良好爱好。一个良好的爱好可以转换心理压力，能平静和舒适的舒解自己。寻求一个适合自己的良好爱好是处于过度压力所必需的缓解剂。良好的爱好如慢跑、有氧运动、骑脚踏车、欣赏音乐或阅读等，它必须是你喜欢做的而且是你能做好、令你舒适、有规律且无竞争性的。

6. 从容地呼吸以控制攻击情绪。在受到压力时，呼吸会变得快且浅，在此时如果你能控制你的呼吸，以慢且深的方式，则会令你的牙关、舌头和局部松弛，而且能保持清醒的心智和冷静的头脑。

7.事先准备和计划生活上的改变。许多生活中的变故是引起压力的原因，有些情况大多是可以预计的，如能在事先考虑周详并有计划地予以处理，将较容易应付，而所引起的压力也较小。

心理疗法

（1）香气治疗。香气治疗法目前在日本颇为流行，它不是简单地买回一些植物汁或者植物油来享受其芬芳就完事，而有越来越多的商店开始利用这种香气为人们提供治疗服务，据说该治疗可以起到缓和人们紧张情绪和改进人际关系的神奇功效。很多美容院都已开展了这项服务。当然，如果没有条件的话，那么养几盆花吧（必须要有香味的那种），每天早晚跑去阳台各闻一次，随便做做伸展运动，也许压力也会随之一扫而光。

（2）阅读治疗。有关专家指出，适当地阅读不仅可以增加知识，还可以安定人的情绪。

（3）音乐治疗。音乐同样具有安定情绪和抚慰的功效。想尽情地发泄一番，那就听一听摇滚乐吧；想理清一下情绪，那就听听古典音乐吧。在日本，有一种音乐减压馆，每天晚上都会播放一些轻松或者另类的音乐，人们听着音乐闭目养神。据说，持之以恒地做下去能够使人修炼到人和音乐合一的最高境界，从而达到减压的目的，每天前往这种场所的人有增无减。其实不去这些地方，买上一两张新碟（心情不好的时候强烈建议听摇滚乐），把自己关在房间里戴上耳机，你就可以尽情地沉浸在音乐的王国里面了。

（4）户外活动。如果你实在感到压力无处不在，令你喘不过气来，那么选择周末去郊外活动活动吧，约上二三知己一起行动，一边玩一边互谈人生，大吐生活中的苦水，还可以尽情地享受户外清新的空气和优美的田园景色，让该死的压力滚到一边去吧！

（5）影视治疗。看电影也是一个很不错的减压方法。有空去跑跑电影院，悲剧片和喜剧片都是很好的选择。如果觉得一肚子的委屈没有地方可以发泄，选一部悲剧片来看看吧，或者在心情烦躁时去看一些喜剧片，"笑一笑，十年少"，压力，早被笑没了！

冷静是压力管理的好方法

所谓的压力管理,可分成两部分:第一是针对压力源造成的问题本身的处理;第二是处理压力所造成的反应,即情绪、行为及生理等方面的纾解。

通常儿童、青少年在面对自己无法顺利处理的压力源时,常采取较不理想的方式,如逆来顺受、逃避、穷紧张或鲁莽行事。然而这样的态度,往往无法有效地处理问题,有时还会惹来更大的麻烦。由于问题处理过程是扮演压力调节最重要的把关者,一旦处理过程出了问题,压力严重程度可能大增或持续时间更久,即可能造成严重的情绪、生理及行为的伤害,导致各种心身疾病的发生,甚至引发精神病体质,形成各类的精神病。

这也就是父母们最有可能忽略的是,现在儿童、青少年十分喜爱享受感官上的刺激,例如大声的音乐、辛辣的食品、鲜艳的衣服的等等。父母们正在努力地减少他们的感官刺激。为了放松,成人喜欢独自待着,而儿童、青少年则往往喜欢跟好多朋友聚在一起。但要记住:当你尽情欢乐的时候千万不要影响他人。

冷静下来并不意味着逃避问题，它只是当你觉得有"太多事情"的时候的一个短暂的休息。冷静是从生活之中的烦恼和问题中解脱出来的一个短暂休假，它让你有足够的时间呼吸一下新鲜空气，然后再返回到生活的问题游戏之中。如今，儿童、青少年总是被一些声音的线连着，比如手机，MP3。你需要提醒自己时不时地切断这些线。

不论你选择什么样的方式冷静，保持平和的心态是生活的根本。尽管儿童、青少年的思想就像海绵一样，吸收着所能吸收的一切，但仍然要注意人的脑袋和身体是需要一些时间来放松的。如果你找不到放松的方式是什么，这种状况会让你失去平衡。也会导致一系列的健康问题，从通常的感冒到严重的疾病都有可能。冷静的艺术就是建议你回到会让你开心的地方，平稳心态，然后放松。

心理疗法

无论问题处理的结果怎么样，处理过程所产生的压力对身心都会造成明显的反应，因此如何适当处理身心的反应，也是压力管理相当重要的一环。

情绪的不恰当表现常会干扰问题的解决过程，甚至会使问题本身恶化。如果无法有效地处理情绪、要认清或解决问题，则变得更加困难。如何有效纾解情绪也成问题处理过程相当重要的关键，否则即使拟好理想的问题解决计划，也可能因为情绪失控，使成效大打折扣。在接受任何形式的心理治疗初期，疏通情绪是最重要的步骤，只有情绪疏通好了，才有办法逐渐进入问题的核心。

（1）较理想的处理问题态度为冷静面对并解决，问题克服过程的标准步骤如下：认清压力事件的性质；理性思考及分析问题事件的来龙去

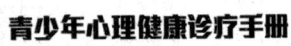

脉；确认个人对问题的处理能力；累积寻求能帮助解决问题的信息，包括如何动用家庭及社会环境支持系统；运用问题解决技巧，拟定解决计划；积极处理问题；若已完全尽力，问题仍无短时间克服，则表示问题本身处理的难度甚高，有可能需要长期奋战不懈，除了必须培养坚忍不拔的斗志之外，可能还需要其他的精神力量支持。

（2）认清并接受情绪经验的发生：情绪经验的发生是相当正常的，因此觉察自己的情绪，并接受自己情绪的过程，会使自己能够正面去看待情绪本身，而采取较为适当的行动。因此问题不在情绪本身，重要的是当事人对情绪的扭曲及压抑，而不断发出种种的问题，如果没有正视情绪的存在，反而可能成为情绪的奴役。

（3）情绪调节：适当的情绪宣泄，有助于恢复思绪的平衡，如寻找忠实的聆听者诉苦，对方也可以给予精神上的支持与关怀。另外也可以在不干扰别人的前提下，痛哭一场或捶打枕头，把情绪适当地宣泄出来。

（4）正向乐观的态度：危机即是转机，会遇到困难，一方面可能是自己的能力不足，因此整个问题处理过程，就成为增强自己能力、发展成长的重要机会；另外也可能是环境或他人的因素，则可以理性沟通解决，如果无法解决，也可宽恕一切，尽量以正向乐观的态度去面对每一件事。也就是说一个人常保持正向乐观的心，处理问题时，他就会比一般人多出20%的机会得到满意的结果。因此正向乐观的态度不仅会平息紊乱的情绪，也较能使问题导向正面的结果。

（5）生理反应的调和：当一个人在沉思、冥想或从事缓慢的松弛活动时，如肌肉松弛训练、瑜伽、打坐等，在体内会产生一种宁静气息，以便使身体各器官得到休息。另外处于压力状态时，运动是使生理反应平静下来相当有效的方式。因压力会促使肾上腺素分泌及流动性增加，而运动则可以减低并消散其作用。因此养成长期有规律的适当运动习惯，是对抗压力相当重要的方式。

（6）行为上的调适：应该避免不适合的宣泄行为，如滥用药物、酗酒、大量抽烟及涉足不良场所等，而应该培养正当的休闲娱乐，如与朋友聚会、登山、参加公益活动及技艺学习团体活动等。

挫折面前也从容

心理上所说的挫折，是指人们为实现预定的目标而采取的行动受到阻碍而不能克服时，所产生的一种紧张心理和情绪反应，它是一种消极的心理状态。

在人生漫长的旅途中，由于各种主客观原因，每个人都不是一帆风顺、万事如意的，都难免会遇到一些困难和失败，甚至饱经风雨和坎坷。一般学习上的困难、是生活中的不顺利、同学朋友之间的一时误会和摩擦、恋爱中的波折等，固然会引起不良情绪反应，但相对而言，毕竟影响不大。儿童、青少年面对挫折时，不知所措，很容易产生惧怕，引起一系列的不良的情绪反应，往往他们很难意识到这个问题的重要性，这需要长时间的自我观察和认识。

但严重的挫折，会造成强烈的情绪反应，或者引起紧张、消沉、焦虑、惆怅、沮丧、忧伤、悲观、绝望。长期下去，这些消极恶劣的情绪得不到消除或缓解，就会直接损害身心健康，使人变得消沉颓废，一蹶不振；或愤愤不平，迁怒于人；或冷漠无情，玩世不恭；或导致心理疾病，精神失常；也有的可能轻生自杀，行凶犯罪。儿童、青少年大都有远大理想，热情高，但涉世浅、经验少，很容易产生挫折感。而他们的感情又比较脆弱，缺乏锻炼，忍耐力很差，遭到挫折后很容易产生激烈的心理冲突，而不能自制和自拔。因此，怎样对待逆境、应付挫折，对于儿童、青少年来说都是一次严峻的考验，需要用行动做出回答和抉择，所以儿童、青少年要正确认识挫折。

挫折是指个人从事有目的活动时，由于遇到阻碍和干扰，其需要得不到满足时所表现出的一种消极情绪状态。生活中的失败挫折既有不可避免的一面，又有正向和负向功能。既可使人走向成熟、取得成就，也可能破坏个人的前途，关键在于你怎样面对挫折。适度的挫折具有一定的积极意义，它可以帮助人们驱走惰性，促使人奋进。挫折又是一种挑战和考验。

首先，挫折可以帮助你成长。在儿童、青少年的成长过程是适应社会要求的过程，如果适应得好，就觉得宽心和谐；如果不适应，就觉得别扭、失意。而适应就要学会调整自己的动机、追求和行为。学会在不同环境、不同时间、不同对象、不同规范条件下调整自己的行为。

其次，挫折增强你的意志力。心理学家把轻度的挫折比作"精神补品"，因为每战胜一次挫折，都强化了自身的力量，为下一次应付挫折提供了"精神力量"。同时，挫折也有负面效应。在日常生活中，儿童、青少年对于挫折的反应并不相同。一方面这决定于对挫折的感情理解。另一方面，感情上的失落比物质上的失落反应激烈。当你追求的目标代表着爱、名誉、地位、尊严时，一旦目标丧失，就会产生不良的心理影响，这是一种负面效应。儿童、青少年在遭遇挫折时，往往会感到缺乏安全感，使自己难以安下心来，学习和生活都会受到影响。

儿童、青少年的道路并不平坦，随时都可能遇到挫折和不幸，给自己带来心理上的压力和痛苦。虽然我们不能避免所有的挫折和不幸，但我们却有办法去对付挫折，疏导压力。

心理疗法

（1）科学地认识挫折。要认识到挫折在人生的道路上是不可避免的。因为"没有危机就没有成长"，一个人在生活和成长过程中，必然会遇到各种危机和挫折。还要看到"挫折是一把双刃剑，既可以刺伤自己，也可以保护自己"。即挫折具有两面性，它可以给人带来痛苦和不幸，也可以使人在与困难的斗争中获得经验和信心。三是要明白"梅花香自苦寒来，宝剑锋从磨砺出"的道理。即确立正确的人生心态。一个人没有经过生活的磨炼，是很难对生命的顽强与伟大有真正的认识。如果他能在挫折中奋进的话，那将是人生的一笔财富。

（2）主动地参与实践。既然挫折在人生的道路上是不可避免的，那么儿童、青少年就应该大胆地面对。在学习和生活中有意识地为自己制定富有挑战性的目标，在实现目标的过程中不断地分析和总结，学会汲取他人的经验、教训。这样就能逐渐提高儿童、青少年的承受挫折、战胜困难的能力。

（3）积极地分析原因。美国心理学家韦纳指出，人们一般把成功或失败的结果主要归于以下四种因素：个人能力、个人努力程度、任务难度、运气。把成功或失败归因于自身努力，有助于激发人的积极性，是积极的。如果归因于能力、任务难度、运气，那么就会在一定程度上降低行为的积极性。因此，儿童、青少年遇到挫折时，在分析客观困难条件的同时，更要分析自己的主观努力是否足够，做出更为积极性的归因，以激发自己的主观能动性。

（4）合理地确定目标。应把目标限制在自己能力之内。目标太高，不停地追求自己能力不及的目标，结果只能是挫折和悲观失望随着自己的这种追求步步加深；目标太低，自身的能力则难以合理地利用和充分开发，同样会产生能力受挫之苦。

（5）适时地加以宣泄。在竞争日趋激烈、生活节奏不断加快的社会大背景下，加之学习本身就是一件异常艰苦的脑力劳动，儿童、青少年难免会产生孤独、失意、沮丧等消极情绪，因此有必要学会在适当的时机采取适当的方法来宣泄一下自己的消极情绪，这样有利于恢复心理平衡，消除心中的痛苦。一种方法是找一个僻静的地方，梳理自己的情绪，想喊就大声喊，想哭就尽情地哭，想笑就放声地笑，把心中积郁的压抑情绪发泄出去。另一种方法是找个信任的长辈或知心朋友，面对面地尽情倾诉，把自己的一肚子"苦水"全部倒出来，请他们帮自己出主意、想办法。还可以采取给父母、朋友写信、打电话或者写日记的方式来倾诉自己的压抑。

和压力交朋友

"在生命中,当一只猛虎(压力)接近你的时候,我们也可以选择转身逃跑,但是这样老虎很有可能咬到我们的屁股。我们也可以对着老虎惊声尖叫,而那样我们的脑袋就会被咬掉。我们也可以保持镇定,意守丹田,给老虎一个深情的拥抱!我们都知道,老虎也需要爱,当我们勇敢地去拥抱猛虎的时候,我们会发现它(压力)是一个强有力的盟友!"

压力也是我们的朋友?关键是我们如何看待它,如果你选择它,它就会拥抱你,如果你拒绝它,有可能被它咬到。

在国外,早有研究者对压力进行了研究,从压力的产生机制到对人身心的影响,以及应对策略等都有较多的成果。但研究还发现,对压力本身及产生机制的认识仍是应对压力的一个重要方面,正所谓"知己知彼,百战百胜"嘛。试着去拥抱压力吧,它正需要你的理解。

当我们把它当做和你并肩奋斗的一个朋友时,会发生什么变化呢?将化敌为友,在你需要的时候压力挺身而出,给你力量;而你也不再时时为压力而烦恼,因为你知道你需要这个朋友。试想有一天世界上没有了压力,人类还会进步吗?所以,压力是我们身边一个忠诚的朋友,同样,它也需要我们的关注。

第五章 直面压力是一种勇敢

当你试着和压力对话时,你会发现压力其实没有我们想象的那么可怕,只要我们能静下心来和它说说心里话,你会有意想不到的收获。

试试看,你能和压力这个久违的朋友沟通吗?你说:"我好累,你明白吗?"它说:"我明白,我也好累。"

——"你给我带来了很多麻烦,让我不快乐。"

——"我本身并没有让你不快乐,是那些烦心的事让你不快乐的,而我在你面临挑战时让你产生动力,使你更好地去面对。你怎能说怨我呢?"

——"是呀,我的心真的好累"。

——"只要你需要,我一直陪着你,但是你也要爱惜自己,毕竟人的精力是有限的。"

——"我也想啊。"

——"虽然我没有性别,但我看到很多女性在独自一人时流下了各种滋味的泪。"

——"成功的女性都有不平凡的经历。要是努力能换来成就还好,可是现在却觉得成功离自己好远。"

——"要是成功了,你还不幸福,你会去努力吗?"

——"当然不会。"

——"所以,假如为了你的生活,你变得不健康、不快乐,那太不划算了。其实你也可以快乐地成长啊。"

——"我也想,你说说有什么办法吗?"

——"其实不用我说,只要你想快乐,还能不快乐?你现在之所以不快乐,是因为你认为自己没成就,在自我惩罚,是因为你觉得没有成就就不该快乐。"

对话还没有结束,但这已经是个良好的开端了。对话可以由一个或两个人进行,最好是有声的。有时候不仅可以和压力对话,还可以和你不喜欢的人对话，不过希望对话的最终效果是缓和自己的心理不平衡，相信这样的对话会给你意想不到的效果。

当儿童、青少年遇上"压力"时，最初的反应便是"迎击"，或者"逃避"，这是由人们的精神能量及体内对"压力"免疫的强度所决定的，即精神能量高、免疫系统机能强的人采取"迎战"的方法。反之，则采取"避开"的战术，以免损害身体中的健康防卫系统。但是最近的精神科学研究发现，对于"压力"采取一种完全无反应、无视的态度，也有助于维持身心的健康。我们绝大多数人对自己到底属于精神能量高还是低的人并不一定很清楚，如果擅自采取"迎战"或"避开"，结果很可能就会受到老虎（压力）的伤害。"无反应、无视"不应理解为视而不见，而是一种和平共处后的降低防御，这样可使我们心态平和，自然地，从而形成良性循环，达到身心健康的目的。

当我们把压力看作自己的一个朋友时，心情也会轻松许多。你也可以试试，看有没有效果。试着和压力对话、聊天，聆听来自心灵的声音。时常我们因学习都忽略了自我，忽略了自己真正的需要，取而代之的是"业绩""晋升"等等。试着和压力对话，可以发现自己的另一面，与其说压力需要了解与爱，不如说是我们自己需要真正的了解和关爱，其实与我们自己对话的就是本来的自己啊！

把压力看成是我们的朋友，不仅是在认知上改变了压力与我们的关系，更为重要的是我们更加了解了压力。当你对压力有了充分的认识和理解后，相信会对自己的现状有一个新的认识。每个人有每个人的活法，你可以选择喜欢的生活方式。同样，对于压力的处理你也可以有自己的风格，关键是找到适合自己的。所以勇敢地去突破自己，哪怕有时觉得是异想天开。就像把压力当朋友这件事吧，生活不也是在意想不到中发生着改变吗？

心理疗法

（1）正确地对待压力，世界上不存在任何没有压力的环境。要求生活中没有压力，就好比幻想在没有摩擦力的地面上行走一样不可能，关键在于怎样对待压力。

（2）锻造勇敢的心，相信你自己，不是因为有些事情难以做到，我们才失去自信；而是因为我们失去了自信，感觉压力实在是难以接近，反而认为有些事情才显得难以做到。

（3）换个角度看问题，法国雕塑家罗丹说过："我们的生活里不是缺少美，而是缺少发现。"生活里有着许许多多美好的事物，许许多多的快乐，关键在于我们能不能发现。而要发现它，关键在自己。

（4）不要逃避压力，世上没有万无一失的成功之路，动态的人生总带有很大的随机性，各要素往往变幻莫测，难以捉摸。所以，要想成功就非得有不怕犯错的勇气不可。在不确定的环境里，冒险精神是最稀有的资源。

第六章

健康的人缘

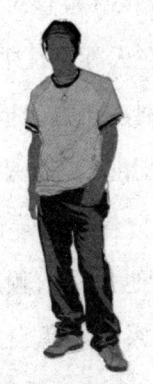

你的人缘还好吗

21世纪的新观念是：人缘好也是健康的标准。你人缘不好，可能是躯体，尤其是心理上出了问题。一般躯体健康、心理健康的青少年，总能获得良好的人际关系。

下面列出几种人际交往模式供你检查对照。

害怕被拒绝。这是青少年在人际交往中的不安全感使然。因此，有很强的自我保护意识，处处怕被别人伤害，担心自己主动与人交往时，受到别人的冷淡；甚至担心自己被利用、被欺骗，总是不信任别人。

需要依靠。青少年一旦过分信赖依靠的对象，凡事言听计从，唯唯诺诺，完全失去了自我。如果他们只依赖某一个人，就会既不愿意，也不允许对方与别人建立亲密关系，唯恐自己被抛弃，结果使被依附对象有一种束缚感，并产生想摆脱这种关系的强烈愿望，最终导致亲密关系的破裂。而心理脆弱的青少年又难以承受这种打击，便出现心理危机。与人交往是个实际体验的过程，如果你有上述问题，首先要认识到这是一种不健康的心态，再客观地回顾一下你在人际交往中的种种问题是否是由此而生的，及时提高对人际交往重要性的认识，进行自我调整。

不会说"不"。这类青少年常以奉献者角色与人交往。认为别人必须得到我的帮助,在与人交往时我必须做出牺牲,以使别人欢愉。他们从小到大就没说过"不"字,当善举没有得到所期望的回报时,就会感到十分委屈和不平衡。

心理疗法

（1）与人交往时要举止大方、坦然自若,使别人感到轻松、自在,激发交往动机。

（2）要积极主动与人交往。要广交朋友,交好朋友,不但交与自己相似的人、还要交与自己性格相反的人,求同存异、互学互补、处理好竞争与相容的关系,还有与人相处时的容纳、包含以及宽容、忍让,更好地完善自己。

（3）要有一颗宽容的心。表现在对非原则性问题不斤斤计较,能够以德报怨,宽容大度。人际交往中不可避免地产生矛盾,这就要求青少年在交往中不要斤斤计较,而要谦让大度、克制忍让,不计较对方的态度、不计较对方的言辞,并勇于承担自己的行为责任。只要你做到了胸怀宽广,容纳他人,发火的一方也会自觉无趣。宽容克制并不是软弱、怯懦的表现。相反,它是有度量的表现,是建立良好人际关系的润滑剂,能"化干戈为玉帛",赢得更多的朋友。

（4）处事果断、富有主见、精神饱满、充满自信的青少年容易激发别人的交往动机,博得别人的信任,产生使人乐意交往的魅力。

（5）讲信用。交往离不开信用。朋友之间,言必信、行必果、不卑不亢、端庄而不过于矜持,谦虚而不矫饰诈伪,不俯仰讨好位尊者,不蔑视位卑者显示自己的自信心，取得别人的信赖。

（6）注意培养开朗、活泼的个性，让别人觉得和你在一起是愉快的。还要培养幽默风趣的言行，幽默而不失分寸，风趣而不显轻浮，给人以美的享受。与他人交往要谦虚，待人要和气，尊重他人，否则事与愿违。

人际交往中的不良心理

人际交往对建立、巩固和发展人际关系十分重要。马克思指出："由于他们的需要即他们的本性，以及他们求得满足的方式，把他们联系起来，所以他们必然要发生相互关系。"

人际交往是人类的基本需求之一，是人们社会生活的重要内容之一。各种不同层次需求的满足、自我的发展、心理的调适、信息的沟通、人际关系的协调等等，都离不开人际交往。没有人不希望交往，每个人都希望通过交往建立起和睦的家庭关系、亲属关系、邻里关系、朋友关系等等。

拒绝一切交往的人是不存在的，也没有不进行交往而建立人际关系的先例。一个广泛交往的人必然会有广泛的人际关系，不善交往的人，人际关系也是极其有限的。人际关系的发展和巩固依赖于交往的重复和深化。有的人虽然也广泛接触，建立了不少关系，但却都很浮泛，很淡漠，流于一般化，这是由于没有在多次重复交往中不断发展和深化这种关系的缘故。

可是，在实际的交往过程中，不会人人如愿，总是或多或少地存在着一些不尽如人意之处。研究表明，那些具有良好人际关系的人一般都具有坦诚、乐观、幽默、有活力、聪明、有个性、独立性强、能为他人着想等等个性心理特点，而那些不太受人欢迎的人具有以下心理特点：自私、自负、虚伪、自卑、斤斤计较、猜疑、依赖、羞怯、固执、没有个性等等。青少年不妨对照一下自己，扬长避短，有利于自己建立良好的人际关系。

干涉心理。青少年都需要一个自我心理空间，即使和父母之间不也希望有一点自己的隐私吗？朋友更是如此。关系再好，也会有一个封闭的心理角落。可有的青少年，偏偏喜欢打听、传播他人的私事，还一厢情愿地"帮助"人家，实在是低俗和招人嫌的心理和举动。

利用心理。很多儿童、青少年抱着"利用"的目的与人交往，因而通常只结交对自己有用、能给自己带来好处的人，而且难免"兔死狗烹"、"过河拆桥"。有这种心理的儿童、青少年不会有真诚的朋友，利用别人的同时也会沦为他人的工具。他们的人际关系往往表面良好，一旦有难，便土崩瓦解。

仇视心理。有些儿童、青少年总是以仇视的目光对待他人，对不如自己的人以不宽容表示仇视，对胜过自己的人以嫉妒表示仇视，对和自己不相上下的人以中伤表示仇视，仇视心理使周围的人没有安全感，自然不愿意与之交往，仇视心理往往来自儿童、青少年的不幸遭遇。

自傲心理。自傲的儿童、青少年喜欢过高地估计自己，只关心自己的需要，强调自己的感受。他们在交往中通常表现为妄自尊大、自吹自擂、盛气凌人，高兴时手舞足蹈、滔滔不绝，不高兴时会不分场合地乱发脾气，丝毫不考虑他人的感受，而且不愿和自认为不如自己的人交往。他们还容易过高估计了和他人的亲密程度，有时候对人过于亲昵，说些不该说的话，会引起他人的反感。另外，有意思的是，自傲的儿童、青少年一旦遭受挫折，往往会变成自卑者。

自傲的根源是错误的自我评价。当然，与其成长环境也密切相关。克服自傲心理，首先要学会尊重别人、善于发现别人的优点，以利于对自己做出客观评价。另外，还要学会严于律己、宽以待人。

逆反心理。有些儿童、青少年喜欢标新立异，总爱与别人抬杠。不管什么事情，不管对与错，别人说好他偏说坏，别人说一他偏说二。逆反心理容易使人产生反感和厌恶。

固执心理。任何事物都是不断变化的，因此人类已有的知识、经验以及思维方式等必须不断地更新，否则就会失去活力。固执心理就犯了僵化不前的错误。固执的儿童、青少年抱残守缺、拒绝变化，只在自我封闭的狭小空间内兜圈子，即使道理已经很明了，他也拒绝承认错误。这样会有几个人愿意与之交往呢？

作秀心理。有的儿童、青少年朝秦暮楚、见异思迁，把交朋友当做是逢场作戏，而且喜欢吹牛。这样的儿童、青少年常常得不到真正的友谊和朋友。儿童、青少年如何应对人际交往的心理障碍，关键还是在于如何调节自己的心理。

心理疗法

交往的特点是人与人的相互影响。人在交往中总是拿他的所作所为和周围人的期待进行核对，从了解他们的意见、情感、要求中知道哪些该做，哪些不该做，把别人的行为方式、态度、价值观念等吸收过来纳入自己的人格组织，形成自己的世界观和个性。人总是在交往中不断调整自己的行为定向，使自己和他人更加相似一些。正是交往形成了人们进行活动的共同性。一句话，一个人的人格和行为方式只有在交往中才能产生，没有人际交往，人只能永远是一个生物的人而不能成为社会的人。那么我们就需要调节一下我们对人际关系的认识了。

（1）要做到知人明己。"知人者智，自知者明"。"自知"就是认识自己与外界的关系。加强自我修养，完善自己人格，自觉地调整好个人与他人、个人与社会的关系。要懂得"欲人之爱己也，必先爱人；欲

人之从己也,必先从人"。正确认识自己是搞好人际关系的重要前提,也是保证身心健康的重要条件之一。"明人",也就是了解人,在交往中要多看别人长处,取长补短。对人要礼貌热情,平等待人,多尊重,少苛求。"爱人者,人恒爱之;敬人者,人恒敬之。"只有尊重别人,才能受到别人的尊重。

(2)适时调整"角色变化"也很重要。当角色改变时,诸如学习变化、家庭变化等,要审时度势,保持心境轻松平稳。唐代著名医学家孙思邈在《孙真人卫生歌》中说:"世人欲知卫生道,素乐常有嗔怒少;心诚意正思虑除,顺理修身去烦恼。"在角色变化时,能做到顺理修身,就能使心境处在平稳、乐观状态。气血调和,精神内守,生命发条就能稳定在最佳状态,少得病或不得病。

交往从克服胆怯开始

胆怯是一个人人都有的心理活动，就像人人都会高兴和痛苦一样，由于它的外在表现影响到人的交往和个人魅力的展现，人们才觉得它需要克服。根据神经语言学NLP的原理，人的活动是受意识所支配，表层意识受更深层意识所控制。因此，经过一定的自我训练，胆怯是可以容易地自我克服的。

先看看胆怯是什么，它不过是一种错觉，是人们把预期的感觉当成真正的事实，因此提前感到了压力、挫折、痛苦。人们的行为表现要么为了追求幸福，要么为了回避。胆怯正是为了回避这个假想中的痛苦而做出的反应。

既然是假想中的痛苦，你必须勇于去正视它，顺藤摸瓜地问自己，你怕的到底是什么？很多人甚至因为胆怯而不敢问路。知道你怕的是什么，然后再问自己，你做了胆怯的事后到底会有什么样的损失吗？没有什么可怕的，也没有什么损失，那你究竟胆怯什么呀？然后再督促自己看看你克服胆怯后给你带来的巨大好处，最大的好处是你突破了自我，突破了人生中最频繁出现的最限制自身发展的障碍，走出了个人迈向成功的决定性的第一步，其次就是你排除了胆怯的干扰，提高了做事的效率和效果。

再回到公众讲话的胆怯上看,你怕什么?其实没什么,就是怕丢人,怕出洋相,怕不成功。那么损失在哪里呢,没有损失,只有收获,巨大的收获,不可用价格衡量的成功。

克服胆怯之后,你将会发现体现在你身上的积极向上的显著的变化,你会发现交流不仅是一种乐趣,而从交流中你也会获得比乐趣更多的东西。那么我们怎样才能走出胆怯的阴影,去享受快乐呢?

分析胆怯类型,探寻恐惧之源。对于孩子,首先让他平静下来,说出都有哪些胆怯。是怕生人,还是怕考试?是怕黑暗,还是怕孤单?您不妨将孩子说出的这些胆怯记下来,而后加以分类。看哪些是情景性胆怯?哪些是非情景性胆怯?其次,探析胆怯的根源。有的专家早就指出,胆怯来自对未知世界的恐惧。那么,对孩子来说,他未知的世界是什么?有时候,帮他分析清楚恐惧的荒谬,胆怯便会消失。当你真正给孩子讲述鲁迅治"鬼"的故事时,孩子便对黑暗及黑暗中的各种声音少了许多恐惧。有时候,孩子孤单,陪他待一会儿也许比板着面孔,皱紧眉头苦思对策要有效的多。当然,还可以教育孩子不妨把自己的担忧、恐惧的事情写下来,试着分析为什么会胆怯。

挖出"病根",对症"下药"。其实,很多孩子胆怯、担忧的是自己的表现,怕在众人面前有让人失望的表现。怎么办呢?美国专家建议,胆怯者不妨假设自己是剧中的某一个角色,只是暂时在舞台上表演而已。例如让孩子演一演书中的"课本剧"也很好,能使自己置于生活中的任何情形。这样,窘迫感就会减少,胆怯就会逐渐地消失。另外,鼓励孩子上课要大胆发言,积极参加校园演讲比赛等,当他做这方面的操练时,他已准备好即将说什么,对将要进行的活动也就充满信心,这种角色的好处在于,容易消除真实角色与扮演角色的界线,让孩子的行为表达出明确意义,就能反映出其真实的自我。还有一种方法,就是做好准备工作。如果孩子要陪您赴个约会,应先告诉孩子来客有哪些,怎么称呼他们,他们的职业情况及兴趣爱好，平时应注意的事情等。教会孩子一些待人接物的技巧，如会见一个未曾谋面的人时，应先弄清他们的背景。待开始谈话时，他便会感到自我控制能力较以往大大增强了。

随着年龄的增长，还有的学生想改变自己不喜欢的"爱好"，但怕让望子成龙的父母失望。这样的孩子：不妨让他写出恐惧对话，如预测父母会说什么，可能提出什么样的问题，以及自己又如何作答等。学生能很快想出对策，消除顾虑，与父母交流心底投合。

不妨让孩子作个最坏的打算。备受胆怯之苦的人应该与他人讲一下最深的恐惧是什么。假如他是怕嘲笑，可提示："那会怎么样。不学走就能跑吗，既然最坏的结果不过如此，还担忧什么呢"。

还有一种胆怯往往伴随着羞怯出现，在生理上呈现出呼吸加快，声音颤抖和脸红。然而专家们研究表明：这些征象，远不如胆怯者自己所担心的那么引人注意。

良好教育，循序渐进。胆怯者感觉与人交谈有困难，他们只顾忌留给对方的印象，因此在人际交往中，可以说些开放性的问题，如"你是怎么形成这种爱好的等"，这些话题即能建立友谊，又能将注意力集中在对方。心理专家建议：胆怯者起初应接近能接受他们弱点的"安全"的人，而不是那些仅劝告他们改变冷淡态度的人。孩子需要那些只是倾听其诉说，而不忙做出决断的人。

作为父母，不能指望孩子一夜之间就能改变自身的全部弱点，成为一个善讲敢讲话的天才。办法只有一个，那就是：循序渐进，课后"排练"，只要先想好第一步怎么做，该如何思考，怎样回答，考虑成熟后胆怯心理自然会逐渐减小。另外，对面对突如其来的事情，千万不能紧张，说错了也不要紧，最坏的结果就是让别人嘲笑，一般没人传播，因为人人都有回答错的时候。一次错，二次就有对的可能，只要自己有决心，真正的胜利就属于自己。

心理疗法

（1）培养自信心。每个人都有自己的缺点，也必然有优点。不必为自己的某些短处而自惭形秽，要看到并发挥自己的长处，克服自己的缺点，摆脱与人交往的胆怯阴影。遇事多采取主动态度，当你勇敢地说出第一句话，迈出第一步时，你可能感到胆怯，但胆怯不等于失败，胜利者比失败往往多的是一份勇气。

（2）改变自己的身体语言。人际交往的身体语言中，最具有魅力的是微笑。微笑是友善的表示、自信的象征。微笑可以使你摆脱窘境，可以缩短你与他人之间的感情距离，可以化解朋友间的误会，同时微笑可以减少你胆怯的感觉。

（3）努力用知识充实自己。知识可以丰富人的底蕴、提高人的气质，也是克服胆怯心理的良药。俗话说"艺高人胆大"，知识储备丰富自然会增加人际吸引力，使人交往自如。所以，我们要勤奋学习，努力拓宽知识面，掌握一些社交知识和技巧。

（4）保持松弛。松弛是克服胆怯心理的关键。胆怯的人常常过于关心他人对自己的看法，而常处于紧张状态，此时应尽量用玩笑或幽默来自我解脱，如果你能把注意力集中到你应注意的人或事物上时，你就会渐渐忘记你自己的不自在。

（5）加强交往能力的锻炼。要充分利用一切机会积极锻炼自己，学会同各种各样的人打交道，在关键时刻表现自己。要训练自己与不同性格、不同气质、不同年龄的人打交道的胆量与能力。遇到聚会、联谊时，要善于寻找时机与周围的人攀谈。

人际交往中如何保持最佳的、主动的状态

如何在人际交往中正确地估价自己和别人。古语说的好："人贵有自知之明"，何为"贵"，为何"贵"，贵，说明其难。正确地认识自己的确不是一件很容易的事。在错误的自我估价中，对交往妨碍最大的，莫过于自卑和自傲。

自卑，即对自己的知识、能力、才华等做出过低的估价，进而自我否定。自卑的儿童、青少年在交往中，虽然有良好的愿望，但总是怕别人的轻视和拒绝，因而对自己失去了信心，很想得到别人的肯定，又常常很敏感地把别人的不快归为自己的不当。有自卑感的儿童、青少年往往过于太自尊，为了保护自己，常表现得非常的强硬，很难让他人接近，以至于在人际交往中变的格格不入。

儿童、青少年的自卑心理源于心理上的一种消极的自我暗示，很多心理学家指出，自卑感和本人的智力、受教育程度、所处的社会地位等因素无关，而仅仅是对"自己不如他人"的确信。所以，要克服和预防自卑心理，首先要敢于正视自己的不足。人无完人，每个人都有自己的优缺点。对于一些不可改变的事实，完全可以用别处的辉煌来弥补，大可不必自惭形秽。

其次，要正确地与他人相比，自卑心重的儿童、青少年往往很善于发现他人的长处，这本身不是一件坏事，可是他老是用别人的长处和自己的短处比，不是激发起奋起直追的勇气，而是越比越泄气，从而贬低、否定自己，以偏概全。

其实，人各有所长，自己不可能事事都强于别人，反过来也一样。你的努力应当鼓励，这其中还有一个量力而行的新问题，所以，要防止和克服自卑感，还要注意不可对自己提出过高的要求，在选择目标时除考虑其价值和自身的愿望外，还要考虑其实现的可能性。与其追求那些不切实际的东西，还不如设立一些较为实现的目标，采用"小步子"原则，不断地使自己得到鼓励。最后一点，要锻炼自己的心理承受能力，不要因为一次失败而一蹶不振，或因自己某方面的过失而全盘否定自己。

自傲与自卑相比，也源于错误的自我估计，自傲者喜欢过高地估计自己，在交往中表现为妄自尊大，自吹自擂、盛气凌人，而且不愿和自认为不如自己的人交往。这样的人当然不会受到别人的欢迎。自傲者一旦受挫，往往会较为自卑。自傲者要学会尊重别人，善于发现别人的优点，这样才能有利于客观地评价自己，还要学会严于律己，宽以待人。

为什么有的儿童、青少年不能从人际交往中得到快乐呢？人是社会的动物，人际交往是我们每个人的需要。在人际交往中，过分留心、处处算计、总怕吃亏上当，这当然得不到快乐。可以说，这样的儿童、青少年还没有领悟到人际交往的真正内涵，因此，他无法体验到交往中的快乐。两人互相交换一个主意，一人就有两个主意。交往的意义还在于增大个人的心理空间，减少彼此的心理距离，建立"同心感"。这些都是人的一种心理需求，社会需求。

消极的情绪，如不快、痛苦、愤怒、失望等，会影响人际交往的正常进行，这点不言而喻。这些消极的情绪的产生，可能来自某种压力、或者受到挫折。每个人都要学会在生活中对付这些不良情绪，这也是个人成长的一种重要表现。现代社会主张个性独立，人际交往也日益复杂，如果说在一些场合，或者和某些人的临时性的交往需要一些表面的客套、应酬，那么，建立和发展深入持久的人际交往，最重要的是坦诚相见、表达真实的自我。"水至清则无鱼，人至察则无友"。当然如果自己身上存在明显的缺点，理应努力克服和改正。人们在人际交往中不断审视、认识自己和他人，不断领悟人生，这是人际交往的内涵所在。

知人之明，自知者明，能否正确地认识和了解他人，同样关系到人际交往能否顺利进行。如何走出对他人认知的心理误区呢？

心理疗法

（1）不因一时一事评价人。某人刚犯了一个大错误，于是就有人发现，他从来就不是好人。这是近因效应在作怪。在较为长期的交往中，最近的印象比最初的印象更占优势，这是一种心理惯性。由于这种惯性的作用，人们往往会以最近的印象来评价人。另外，还有所谓"光环"效应，某人的一种优点、优势放大变成了笼罩全身的"光环"，甚至原来的缺点也被掩盖或者蒙上一层夺目的光彩。这种对他人认知的最大失误就在于以偏概全。

（2）不以第一印象作为取舍判断的标准。第一印象，也就是第一次对人知觉时形成的形象，它往往最深刻，而且常会成为一种基本印象而影响对他人各方面的评价。俗话说，先入为主，讲的就是这个道理，人们很重视给别人的第一印象，但也该看到，第一印象得之于较短时间的接触，又无以往的经验作参考，主观性、片面性较强。所以，一定要注意其消极的一面，既不能因第一印象不好而全盘否定，又要防止被表面的堂皇所迷惑。"金玉其外，败絮其中"，这样的例子也屡见不鲜。要练就一番透过现象看本质的本事，在长期的相处中全面、正确地认识和了解他人。

（3）切莫先入为主，第一印象固然是一种先入为主，除此之外，在我们的头脑中，总是有一些先在的，得之于各种途径的观念，并常常以此来评价和判断他人，因为这样做所消耗的心理能量最少，也就是说，它最省事。但是图省事往往会造成一些认知偏差。什么美国人开放，英国人保守，商人精明世故，农民老实本分等等。这些说法虽与某些人的特征相吻合，但绝不都是如此，还要"具体问题具体对待"。人如其面，各个不同，不能用概念来衡量人，把人简单化。

嫉妒是影响交往的大障碍

嫉妒,从某种意义上来说,是人类的一种普遍的情绪。现代社会是一个崇尚成功的社会,然而在激烈的竞争当中,有人成功,就必然有人失败。失败之后所产生的由羞愧、愤怒和怨恨等组成的复杂情感就是嫉妒。

忌妒的特点是:针对性——与自己有联系的人;对等性——往往是和自己年龄相仿而超过自己的人;潜隐性——大多数忌妒心理潜伏较深,体现行为时较为隐秘。

嫉妒有两方面的意义:

一方面,嫉妒具有积极的意义。莎士比亚把嫉妒比作爱情的卫道士。确实,你的恋人如果反对你同别的异性接触和交往,正是反映了他(她)对你的爱的程度。反之,如果他(她)从不"吃醋",那么你们之间的爱情恐怕还处在很低的水平,或者已经到了危险的地步。因此,嫉妒在爱情里面还是有一定的积极意义的。如果嫉妒能够转化成为前进的动力,则是积极的。

另一方面,嫉妒在更多的时候表现为消极的意义。嫉妒常常会导致中伤别人、怨恨别人的诋毁别人等消极的行为。嫉妒往往是和心胸狭隘、缺

乏修养联系在一起的。心胸狭隘的人会因一些微不足道的小事而产生嫉妒心理，别人任何比他强的方面都成了他嫉妒的缘起。缺乏修养的人会将嫉妒心理转化成消极的嫉妒行为，严重地破坏人际关系。

西班牙作家赛万斯指出："忌妒者总是用望远镜观察一切，在望远镜中，小物体变大，矮个子变成巨人，疑点变成事实。"忌妒是对与自己有联系的、而强过自己的人的一种不服、不悦、失落、仇视、甚至带有某种破坏性的危险情感，是通过把自己与他人进行对比，而产生的一种消极心态。当看到与自己有某种联系的人取得了比自己优越的地位或成绩，便产生一种嫉恨心理；当对方面临或陷入灾难时，就隔岸观火，幸灾乐祸；甚至借助造谣、中伤、刁难、穿小鞋等手段贬低他人，安慰自己。正如黑格尔所说："有忌妒心的人自己不能完成伟大事业，便尽量去低估他人的伟大，贬低他人的伟大性使之与他本人相齐。因此有必要对其进行克服。"

正因为嫉妒产生的消极作用，所以我们要努力地克服它。当我们有很多事情要做时，我们就无暇去嫉妒别人。因此，积极参与各种有益的活动，努力学习，使自己真正充实起来，那么，嫉妒的毒素就不会孳生、蔓延。

为了缓解自己的失败带来的心理上的不平衡感，可以找一些理由，使自己不再嫉妒别人。可以说"我的运气不太好而已"，"这样的成功没有什么价值"，以此排解心中不满，避免产生嫉妒。这种方法只是权宜之计，不能过分使用，否则可能又会产生其他消极的心理障碍。

一个人在嫉妒别人时，总是注意到别人的优点，却不能注意自己比别人强的地方。其实任何人都有不如别人的地方，当别人在某些方面超过我们时，我们可以有意识地想一想自己比对方强的地方，这样就会使自己失衡的心理天平重新恢复到平衡的状态。

总之，对别人产生了嫉妒并不可怕，关键要看你能不能正视嫉妒。如果能把嫉妒转化为成功的动力，化消极为积极，往往会使你赶上甚至超过别人。这一切都取决于你自己。

心理疗法

（1）自知之明，客观评价自己。当嫉妒心理萌发时，或是有一定表现时，能够积极主动地调整自己的意识和行动，从而控制自己的动机和感情。这就需要冷静地分析自己的想法和行为，同时客观地评价一下自己，从而找出一定的差距和问题。当认清了自己后，再重新看别人，自然也就能够有所觉悟了。

（2）快乐之药可以治疗嫉妒。快乐之药可以治疗嫉妒，是说要善于从生活中寻找快乐，就正像嫉妒者随时随处为自己寻找痛苦一样。如果一个人总是想：比起别人可能得到的欢乐来，我的那一点快乐算得了什么呢？那么他就会永远陷于痛苦之中，陷于嫉妒之中。快乐是一种情绪心理，嫉妒也是一种情绪心理。何种情绪心理占据主导地位，主要靠人来调整。

（3）少一份虚荣就少一份嫉妒心。虚荣心是一种扭曲了的自尊心，自尊心追求的是真实的荣誉，而虚荣心追求的是虚假的荣誉。对于嫉妒心理来说，它要的是面子，不愿意让别人超过自己，以贬低别人来抬高自己，正是一种虚荣，一种空虚心理的需要。单纯的虚荣心与嫉妒心理相比，还是比较好克服的。而二者又紧密相连，相依为命。所以克服一份虚荣心就少一分嫉妒。

（4）自我抑制，是治疗嫉妒的苦药，自我宣泄，是治疗嫉妒的特效药。嫉妒也是一种痛苦的心理，当还没有发展到严重程度时，用各种感情的宣泄来舒缓一下是相当必要的，可以说是一种顺坡下驴的好方式。

在这种发泄还仅仅是处于出气解恨阶段时，最好能找一个知心的朋友，或亲友，痛痛快快地说个够，暂求心理上的平衡，然后由亲友适时地进行一番开导。虽不能从根本上克服嫉妒，但却能中断这种发泄性朝着更深的程度发展。如有一定的爱好，则可借助各种的业余爱好来宣泄和疏导。如唱歌、跳舞、书画、下棋、旅游等等。

走出社交恐惧症的阴影

社交,是现代生活中人人不可缺少的活动,但是,许多性格内向的人,尤其是青少年,会在人际交往中感到惶恐不安,并出现脸红、出汗、心跳加快、说话结巴和手足无措等现象,这一现象称之为"社交恐惧症"。

社交恐惧症有以下几种类型,根据不同的分类标准可以分为很多症状。

1. 根据社交对象又可分为两类

(1) 一般社交恐惧症:如果你患了一般社交恐惧症,在任何地方,任何情境中,你都会害怕自己成了别人注意的中心。你会发现周围每个人都在看着你,观察你的每个小动作。你害怕被介绍给陌生人,甚至害怕在公共场所进餐、喝饮料。你会尽可能回避去商场和进餐馆。你从不敢和父母、朋友或任何人进行争论,不敢捍卫你的权利。

社交恐惧症患者总是担心会在别人面前出丑,在参加任何聚会之前,他们都会感到极度的焦虑。他们会想象自己如何在别人面前出丑。当他们真的和别人在一起的时候,他们会感到更加的不自然,甚至说不出一句话。当聚会结束以后,他们会一遍一遍地在脑子里重温刚才的镜头,回顾自己是如何处理每一个细节的，自己应该怎么做才正确。社交恐惧症都有类似的躯体症状：口干、出汗、心跳剧烈、想上厕所。周围的人可能会看到的症状有：脸红、口吃结巴、轻微颤抖。有时候，患者发现自己呼吸急促，手脚冰凉。最糟糕的结果是，患者会进入惊恐状态。

（2）特殊社交恐惧症：如果你患了特殊社交恐惧症，你会对某些特殊的情境或场合特别恐惧。比如，你害怕当众发言，当众表演。尽管如此，你在别的社交场合却并不感到恐怖。在与别人的一般交往中，并没有什么异常，可是到真正需要上台表演，或者当众演讲时，他们会感到极度的恐惧，常常变得结结巴巴，甚至愣在当场。

2. 根据症状，社交恐怖又可细分为许多种

（1）赤面恐怖。一般人在众人面前时，经常会由于害羞或不好意思而脸红，但赤面恐怖患者却对此过度焦虑，感到在人前脸红是十分羞耻的事，最后由于症状固着下来，则非常畏惧到众人面前。患者一直努力掩饰自己的赤面，尽量不被人觉察，并因此十分苦恼。

患者惧怕到众人面前，在乘公共汽车时，总感到自己处在众人注视之下，终于连公共汽车也不敢乘。如有位赤面恐怖的学生患者，对上学乘公共汽车感到痛苦，便总是在别人上车完毕，公共汽车快开时才匆匆上车，以此方法避开人们的注目。因为坐下会与别人正面相对，便干脆站在车门口来隐藏自己的赤面。又如一位学生患者，因赤面恐怖不能乘公共汽车，只好坐出租车或干脆步行。在必须乘公共汽车时，就事先喝上一杯酒，使别人认为他脸红是喝酒所致，以此自我安慰，或拼命奔跑急匆匆上车，解开衣服的纽扣，用什么东西扇着风，让别人相信他脸红是由于奔跑所致，以掩饰赤面。上述症状在正常人看来似乎很可笑，但对患者来说却像落入地狱般痛苦不堪。他们觉得不治好赤面恐怖症状，一切为人处世等都无从谈起。

（2）视线恐怖。患者主诉与别人见面时不能正视对方，自己的视线与

对方的视线相遇就感到非常难堪,以至于眼睛不知看哪儿才好。患者一味注意视线的事情,并急于强迫自己稳定下来,但往往事与愿违,终于不能集中注意力与对方交谈,谈话前言不搭后语,而且往往失去常态。

有的视线恐怖患者与许多人同在一个房间时,主诉不能注意自己对面的人,而不由自主地注意旁边其他人的视线,或认为自己的视线朝向旁边的人而使其感到不快。结果患者的精力无法集中于对面的人。有的学生患者在上课时,总是不能控制自己去注意旁边的同学,或总感到旁边的同学在注意自己,结果影响了上课,并给自己带来无比的痛苦。

(3)表情恐怖。患者总担心自己的面部表情会引起别人的反感,或被人看不起,对此惶恐不安。表情恐怖多与眼神有关。患者认为自己眼神令其他人生畏,或认为自己的眼神毫无光彩等。

(4)异性恐怖。主要症状与前几种情况大致相同,只是患者在与异性接触时,症状尤其严重,感到极大的压迫感,不知所措,甚至连话也说不出来。与自己熟识的同性及一般朋友交往则不存在多大问题。

(5)口吃恐怖。口吃恐怖可归类于社交恐怖的一种。患者本人独自朗读时,没有什么异常,但到别人面前时,谈话就难以进行,或开始发音障碍或才说到一半儿就说不下去了。有些患者对此忧心忡忡,因不能顺利地与人交谈而感到自己是个残缺的人,并因此而非常苦恼。

心理方法

(1)与别人在一起时,不论是正式与非正式的聚会,开始时不妨手里握住一样东西,比如一本书、一块手帕或其他小东西。握着这些东西,对于害羞的人来说,会感到舒服而且有一种安全感。

(2)学会毫无畏惧地看着别人,并且是专心的。当然,对于一位害羞的人,开始这样做比较困难,但你非学不可。试想,你若老是回避别人的视线，老盯着一件家具或远处的墙角，不是显得很幼稚吗？难道你和对方不是处在一个同等的地位吗？为什么不拿出点勇气来，大胆而自信地看着别人呢？

（3）有时你的羞怯不完全是由于过分紧张，而是由于你的知识领域过于狭窄，或对当前发生的事情知道得太少的缘故。假若你能经常读些课外书籍、报纸杂志，开拓自己的视野，丰富自己的阅历，你就会发现，在社交场合你可以毫无困难地表达你的意见。这将会有力地帮助你树立自信，克服羞怯。

（4）做一些克服羞怯的运动。例如：将两脚平稳地站立，然后轻轻地把脚跟提起，坚持几秒钟后放下，每次反复做30下，每天这样做两三次，可以消除心神不定的感觉。

（5）害羞使人呼吸急促，因此，要强迫自己做数次深长而有节奏的呼吸，这可以使紧张心情得以缓解，为建立自信心打下基础。

第六章 健康的人缘

走进人群，远离孤独

　　人的某些情感缺陷会阻碍人与人之间的吸引，妨碍人际关系的协调与合作关系，社会心理学家的研究成果早就证明了的。比如：不尊重别人的人格，对生活和他人缺乏感情，过分自卑，具有偏激情绪与猜疑性格等等。而在这些情感缺陷中，又有一种常为青年人所患，对儿童、青少年的健康成长影响很大的缺陷：孤独感。

　　孤独感在人的思想上、行为上的体现，大致有两种类型。一种是因为客观条件的制约，长期脱离人群的"有形"的孤独；一种是身处人群之中，但内心世界却与生活格格不入而造成的"无形"的孤独。有一种"有形"的孤独，就是远离亲人朋友，在生活之余没有与更多的人相互交往的机会，没有丰富多彩的精神生活，不免有时感到寂寞，感到孤独。但是，他们虽然远离城市和亲人，从事的却是与人们幸福息息相关的崇高的事业，虽然"孤独"，却意义非凡，因为正是他们的孤独换来了欢乐与幸福。所以，这种"孤独"是值得称道的。

　　而由于内心世界与生活有距离所造成的孤独感，却是十分有害的。人是社会化的高等动物，人区别于其他一切动物，最根本的就是因为人过得是社会化的生活。因此，人的一切，包括思想、学识、才能等等，只有在社会生活这个意义上才存在，才能得以发展。

　　我国曾放映过一部名叫《中锋在黎明前死去》的外国影片，电影说的是某国家有一个著名足球中锋，他在世界足球大赛中表现极为出色，带领自己的球队赢得了一次次的胜利。可后来，他被一位百万富翁看中并高价"买"了去。中锋在富翁家里享受着优裕的生活待遇，但是却失去了驰骋绿茵场、施展身手的机会，只是与另外两名被买来的物理学家和舞蹈家一起，被闲置在富翁的一所豪华别墅里，全部的作用，是作为"展品"以满足这个富翁的虚荣心和占有欲。中锋没有球踢，整天生活在一种难以忍受的孤独之中，终于在默默的忧郁中死去了。这个故事剖露了资本主义社会里不平等的人与人之间的关系，揭示了资本家惨无人道的贪婪。同时也说明了一个浅显的道理，这就是人是不能脱离"社会"而生存，离开了社会生活与人际交往，人的本性与人格都不能保持完整。许多报纸杂志一再报道过的"狼孩"、"熊孩"和野生孩的事例，都说明了这一点。

　　社会学、人类学和心理学的研究表明，人的健康而又完整的精神面貌，是在人际交往当中形成的；人也是通过人际交往认识自己、评价自己和改变自己的。儿童、青少年的青春所焕发出的富有生气、朝气的一切特点，也都是在通过社会交往才得以体现、得以发展和完善的。一个长期被孤独感笼罩的人，精神受到长时间的压抑，不仅会导致自己的心理失去平衡，影响自己的智力和才能的发挥，也会引起人的心理上、思想上的一系列变化，产生诸如思想低沉精神萎靡，失去进取心和生活的信心。

　　大多患有孤独感的儿童、青少年，并不是自己情愿离群索居、孤身独守的。他们有的是在坎坷难行的人生路上遇到了伤人肺腑的痛苦，从而嗟叹人生艰难，埋怨命运刻薄，或痛恨世态炎凉，咒骂人的虚伪；有的是感到自己怀才不遇，知音难觅，得不到别人的理解，因而也不愿去理解别人，不如独处一隅洁身自好；也有的是自己看不起自己，不相信自己，在人群中徒见别人风流潇洒、知识渊博，因而自相形秽，悲观自己才貌平庸，才智低下，不敢也不愿意与人交往，境遇各有不同，其结果都大致差不多。自己置身于孤独感的控制之下，陷入无边的伤感之中。

心理疗法

（1）要求患有孤独感的儿童、青少年首先做个达观者。所谓"达观"，一是对不顺心的事要想得开，就像人们常说得那样，要"拿得起，放得下"；二是要乐观，尤其在逆境中，在困难较多的情况下，要有一点乐观主义的精神，一方面眼睛要看得远些，另一方面步子要迈得再扎实一些。

这是因为生活自有它发展的规律，不会随着人的主观愿望而转移，更不会因为人的消极回避、等待而自然而然地变得好些。倘若每遇到不顺心的事，都想不开，都拿不起，放不下，恐怕什么也干不成。儿童、青少年初入社会往往想做的事情多，而能够做到的事很少；开始做了的事情多，实际做成功的事情少。所以，思想豁达开朗些，心胸眼光放长远些，对儿童、青少年的身心健康十分重要。

（2）应该抛掉伤感，投入集体的怀抱。鸟儿身上系上了铅块，难以飞上蓝天。一个人心理担有重负，必然影响自己的思想、学习和身体。在这种情况下，应该努力挣脱孤独感对自己的束缚，走出个人小天地，投入集体的怀抱，投入火热的生活。曾经有人这样问著名心理学家巴达斯小姐："哪些是人类今天最基本及最深切的心理需要？"巴达斯回答说："人类需要爱，但这不限于男与女之间的爱，从心理学家的观点看来，好人永远是快乐的。"脱离集体和生活，是无法得到爱的，把自己禁锢在孤身独处的樊笼里，得到的只有孤独而不会有快乐。就像一滴水，孤独地滴在石头上只能叹息着消失，而滴在海里则可以永远奔腾，只有热爱生活，才能感受到集体的温暖，同志的友爱，并坚定自己不断进取的决心与信心。

（3）要勇于改变自己不良性格特征和坏习惯。生活中，"金无足赤，人无完人"，没有人是完美无瑕的，而自己也必须敢于承认并改正自己的弱点。一个人过于清高，往往让人敬而远之；过于高傲，让人望而生畏；小肚鸡肠也往往让人看不起；自私、刻薄、小气，也会招人生厌。自己有什么缺点，就应乐意接受别人的建议、帮助与忠告。有了改正自己缺点的勇气和行动，就能吸引朋友来帮助你，就能创造好的人际关系。同时，对别人有这样那样的毛病，也应该热心助人，不能因此把人看扁，嫌而弃之，离而远之。

"解铃还须系铃人。"当你感到孤独的时候，是因为关闭了自己心灵的门窗，只要勇敢坚定地打开心灵的门窗，让阳光和春风照拂着走进自己的心胸，青年朋友是不难摆脱孤独感的。因为，生活永远不会拒绝任何一个热切地爱慕着她、追求着她的人。

第七章

改掉怪癖和不良嗜好

拿什么来拯救你的胃口

厌食症是精神性的疾病,主要发生在青少年时期,香港最近一项调查显示,有厌食症及暴食症症状或倾向的人约占一成,而较严重的厌食症及暴食症的诊断人士约有3%。其他年龄层或因职业需要而要维持体重的人也有可能产生,如演员、舞者、模特儿等都有较高的罹患率。此病患者多出现于较富裕的家庭。

神经性厌食症的病因还不明确。有关的因素,可分为以下几个方面。

(1) 个体的易感素质。这类患者常常争强好胜、做事尽善尽美、追求表扬和赞美、自我中心、神经质;而另一方面又常表现出不成熟、不稳定、多疑敏感,对家庭过分依赖,内向,害羞等。有研究发现,本病的发生可能与某些遗传素质有一定的关系。

(2) 下丘脑的功能异常。神经性厌食症患者存在明显的下丘脑功能异常的表现,如月经紊乱或闭经;血液中甲状腺素水平低;食欲及进食量的异常,情绪低落或烦躁等。

(3) 社会心理因素。青春期,女孩伴随第二性征发育而来的是日益丰腴的体形。对此,容易产生恐惧不安,羞怯感,有使自己的体形保持或恢复到发育前"苗条"的愿望。青春期是神经性厌食症发病率最高的时期。

社会观念左右着胖瘦美丑的标准。在文明和发达的社会中，有一种以瘦为美的认识误区。这就是为什么二十多年来社会文明及生活水平不断提高，而以消瘦为特征的神经性厌食症患病率却呈明显的逐步上升趋势，尤其在某些职业中，如芭蕾舞演员、时装模特中，该症的患病率是普通人群（同龄）的3~4倍。

另外，神经性厌食症多来自于社会地位偏高或经济较富裕的家庭；城市人群的患病率高于农村人群；在城市中，私立学校的女生患病率高于普通学校。

对于神经性厌食症的预防。慢性的精神刺激及过度紧张的学习负担是儿童、青少年发生本病的主要因素，以身材苗条为美，而有意节食者，仅占少数。因此，解除慢性刺激和负担过重的学习是预防或减少发病的主要措施。

（1）情绪预防。本病青春期女性发病较多，表明这一时期性格的不稳定，易受外界刺激，或家庭不和睦，父母之间的矛盾，家中亲友重病或死亡者，或在学校学习成绩意外的受挫折者等等，均易发生本病，因此保持精神的乐观、心胸开阔是至关重要的。

（2）进行正确的人体美教育。少数病例对进食与肥胖体重具有顽固的偏见与病态心理，以致出现强烈的变胖恐惧而节制饮食，保持所谓体形的"美"，因此对正确的健康的"美"的教育，也是不可少的。

（3）劳逸结合。合理安排学习和生活，使脑力劳动与适当的体质锻炼、体力劳动相结合，适当安排娱乐活动与休息，可以防止因过分劳累引起下丘脑功能的紊乱。

心理疗法

（1）心理治疗包括疏导心理压力，对环境、对自己有客观认识，找

到适应社会的角度及处理和应付各种生活事件的能力。另外,对健康体魄的概念,标准体重的意义,对自己的身体状况有客观的估价。了解食物、营养学方面的知识。如果你的家庭关系紧张,必要时可请家人做家庭心理治疗。

(2)行为矫正是心理治疗的另一类型,主要是体重恢复,可控制自己的活动范围及活动量,随着体重的增加,逐步奖励性地给予活动自由,这种方式一般要在医院中当患者体重极低时采用。

(3)要注意补充营养,纠正营养不良。严重的营养不良可有生命危险。神经性厌食症病人在严重营养不良状态下,死亡率可高达10%,因而必须紧急抢救治疗。这时的治疗为纠正水电解质的平衡,补充血钾、钠、氯,并进行监测。血浆蛋白低下时,静脉补充水解蛋白、鲜血浆等。贫血应补充铁,服叶酸,补足维生素等。

如果你有厌食症,并长期不进食,胃肠功能极度衰弱,因此进食应从软食、少量多餐开始逐渐增加,不能急于求成;适当给予助消化药,如:胃酶合剂、多酶片、乳酶生等,或针灸治疗,也可用小量胰岛素促进食欲及消化功能恢复。

克服花钱的欲望

心情不好你会去做什么？也许男青少年会说，一根接一根地吸烟，然后大口地喝酒，来个一醉方休；女青少年则会说，疯狂购物或者是大吃一顿，把一切都消灭在食物里。但是如果你的购物欲望超过你的经济能力或是购物已经超出了适当性，且每次购物后都为自己的行为后悔，多次的反复，这样你就是"购物狂"了。这是一种心理偏差，是不正确的宣泄途径，应该进行适当调整。

最近一次关于国内消费的调查结果显示，在极端情绪下消费的女青少年高达46.1%。而早在三年前，美国加利福尼亚州立大学在一次类似的调查中也发现了相同的问题，在该次调查中还指出，男青少年情绪化消费的比例也达到了17.4%。调查显示，购物狂多数是女青少年，这与各国的文化传统普遍接受女性购物较多有关。

心理学家发现，有必要在那些为了自娱自乐而反复购买某种物品的购物者与那些已经购物成瘾的人群之间划出界线，对于后者必须进行心理治疗。

典型性的购物癖患者至少每个星期都会进行一次疯狂的大采购，他们好像受到了强制一样，去买一些根本用不着的东西，事后感到非常后悔。

另外，这些人由于并不十分富有，所以经常会陷入财政困境。

心理学家分析说，这些人往往生活中有自卑感，希望通过购物来发泄某种压抑的情绪，或是用这些外在的物质刺激来填补内心的空虚，结果是，"他们只是在买东西的过程当中感到快乐，而物品一旦到手就失去了吸引他们的魅力。"

在这一消费群体看来，无论是什么样的事情，"去大肆采购一番，然后想尽办法把钱花光，心情也就好了。"似乎在不如意的时候，购物和大把地花钱是他们用来缓解压力、平衡情绪和宣泄无奈的最佳方式。

专家认为，现在社会竞争十分激烈，女青少年的疯狂购物行为可能与心理压力有关，应属"冲动控制障碍"。通过购物获得心理上的满足感，缓解心理压力，明知所买的东西没多大用就是控制不住。

"购物狂"是种多见于女性的心理偏差，也有的人对商品有一种病态的占有欲，面对琳琅满目的商品，哪怕是对自己毫无用处或已购买过的商品，都会不假思索地掏腰包。她们三天两头逛超市，甚至一天不买几样东西，就觉得堵得慌。

作为父母可以试着去了解她们的情况，试着去缓解她们的压力。如果确实无法控制，就需要心理医生进行行为治疗，纠正过于强烈的购物欲望，加强心理素质的培养，力求保持平常的心态，使这种心理疾患得以减轻或消除。

有的青少年为了平衡情绪而买单。疯狂地购物，也许在当时来说是有效的，但却要付出金钱代价，买了许多不适用的东西还是要后悔，那就得不偿失了。疯狂购物是一种非理性的表达，偶尔一次还可以，但是一旦形成了恶性循环，后果将不堪设想。当她疯狂购物时，她的很多观点会得到服务员的认可，使她产生一种归属感，用金钱找回被朋友抛弃的平衡。但离开商场后，她就会觉得失落。当你选择这种快速的满足方法时，一定要有个限度，对自己的购物需求要有准确判断。不要当你不高兴、空虚或生活中遇到挫折时就去购物，因为你购物回来后会很快又产生失落感，然后再买，陷入到恶性循环中，永远也找不到解决问题的真正方法。

心理疗法

（1）上街购物时加强计划与目的性，打算买什么就带上相应数目的钱，不要使用信用卡，这样可防止"冲动性"购物。

（2）独自一人上街，又有孤独感受时，常常经不住货主的劝说而掏了腰包。缓解的有效方法是：对可买不可买的商品狠狠地杀价，这势必造成碰壁或讨价还价之局面，而且砍价可使人不再孤独。

（3）将所买的东西统计一下，看看哪些是没用的，哪些东西是多余的，并计算出你浪费金钱的数目和由此产生的利息或投资损失。

（4）心中空虚、压抑、无聊时，最好的解决方法就是去做些较激烈的体育运动，而不去逛街购物。

（5）强化期待心理。对欲购物尽可能地发现它的不足与缺点，这样你可在期待更完美的物品问世的情绪中，缓解购物欲望。

（6）采用"改日再来"的延缓方针。在垂青某商品时，先不急于掏钱，而是暗示自己："改天再来吧"，下次来时由于心情变化，购物欲也可能没有了。

异装癖：穿上另一种性别

异装癖称异性装扮癖。是指通过穿着异性服装而得到性兴奋的一种性变态形式。这种性变态患者以男性见多，因为女性着男装现在已经常见，尤其在西方社会还很流行，故并不视为异常行为。

其实，每个人的背后都藏着另一个性别的特质。心理学家荣格指出，人格中有两个原型"阿尼玛"和"阿尼姆斯"，前者指男人身上具有的女性特质，当阿尼玛高度集中时，男人就容易变得激动，忧郁，嫉妒，虚荣；而阿尼姆斯指女人身上具有的男性基本特质，当它高度集中时，会使女性赋予进攻性，追求权力，并引起内心冲突。如果两种特质发展不平衡，则会引发女人阳性化，男人阴性化。

如果一个女孩从小跟男性亲属生活在一起，那么她可能去学习男性的言行甚至着装，形成类似男性的思维方式和行为。长大后，她可能是一个女强人，能干，但缺乏女性气质的表达。她穿上男装是潜意识中对于男性角色的认同，也就此掩盖了她的气质缺陷。但往往因为她缺乏女性独有的温柔和细腻，似乎很难得到男人的垂青。而穿上男装时会有一种肌肤相亲般的兴奋，她可能会把性对象固化到异性的衣服上，得到一种类似性的抚慰。

同样，从小生活在女人圈的男孩，缺乏男性特质的学习，性格柔弱，情绪化，渐渐地跟男同伴格格不入，对于男性特质，他更产生了厌恶和不安全感。而只有在女性同伴那里才能找到温情，安全和认同。

异装癖的形成有以下几种原因：

（1）心理因素。有的患者对两性关系有一种惧怕和忧患的心理。因此，有不少患者在不穿异性服装情况下性交出现明显的阳痿症状，而穿了异性服装则无此性功能障碍。这大概是异性装扮解除了患者潜意识中对性活动的忧虑情绪或罪恶感的结果。

（2）教育引导不当。有些父母总认为女孩子温顺听话、讲卫生，因此在日常生活中教育孩子时，总爱把男孩当女孩来对待，还常拿邻居家的女孩做榜样进行教育。或者相反，把女孩当男孩来教育，使孩子在儿童和青少年期缺乏正常的社会交往，养成异性化的气质性格。

（3）迷信思想的影响。有些家长，特别是年纪大一点的爷爷奶奶之辈，受封建迷信思想的影响，总爱向算命先生算命问卦，为求孩子平安成长，便将孩子打扮成异性形象，取异性名字。

（4）家庭环境的影响。患者在幼年时本身性别受到环境的影响，如父母本想要个女孩，却偏偏生了个男孩，或者相反。为了填补心理上的缺憾，便把孩子打扮成异性并给予更多更大的关注和爱抚。

异装癖患者一般在5～14岁之间开始萌生异装兴趣，到了青春期就产生与异性装束有关的色情幻想。开始时一般在自己房间中穿异装，通过镜子自我欣赏。以后逐渐频繁起来，出现在公众场合，或穿异装入睡；先是部分异装，偶尔穿一两样女性服装，以后逐渐增加异性衣饰的件数直至全部使用异性装束。他们穿着异装时大多会体验到平静和舒适感，有的还有一种文雅和美丽的感觉。如果不穿或被制止穿异装时，则会引起强烈的紧张不安的情绪。患者在穿异装后能引起性兴奋，最初是手淫时穿，以后则是性交时穿。多数患者结婚后，与妻子有性爱，少数患者后来转换成异性癖患者。

还要注意异装癖与恋物癖的差别。虽然恋物癖者有时也有穿异装的行为，并能因此而引起性兴奋，但这种行为不普遍，也不一定经常穿。同时他们不仅仅限于异性的服装，还包括其他许多异性用品，不会自己去选择合身的异性服装或讲究打扮。他们感兴趣的是除妻子以外所有异性穿用过的内衣物品，而对异性本身没有兴趣，对性交行为反感。异装癖患者则普遍而经常地穿异装，但只穿其妻或自己的异性内衣等，而且对性交行为有兴趣。有部分异装癖患者是在恋物癖倾向基础上发展而来的，即由偶然性的穿着异性服装与性活动如手淫等结合，最后通过学习强化，形成以异性装扮来获得性感满足的癖好。

一般来说，异装癖不会危害社会和他人，但其行为有伤风化，应有针对性地采取治疗措施，及时进行治疗。异装癖早年起病，在儿童或青少年期出现异装癖迹象时，要及时采取防范措施。

心理疗法

（1）早发现早治疗。异装癖早年发病，如在儿童和青少年阶段出现异装癖苗头时，要及时采取治疗措施，鼓励他们积极参加集体活动，培养其自信心，减少对自己性别期望的压力。这样可控制其发展，使异常行为有明显的改观。

（2）要积极参加集体活动，培养自信心，以减轻对自己性别期望的压力。

（3）到了成年，应建立异性恋爱关系并结婚，在妻子的帮助下，异常行为可望得到控制和纠正。

（4）厌恶疗法。当患者在着异性装扮的情况下，予以疼痛性的刺激或心理打击，使其解除异常行为。

人不需要吞云吐雾

吸烟是一种后天形成的不良嗜好，它对自己、他人和环境都有较大危害。全世界每年因吸烟导致死亡的人数达250万之多，可以说，烟是人类的第一杀手。

烟草的烟雾中至少含有三种有毒的化学物质：焦油、尼古丁和一氧化碳。焦油由好几种物质混合而成，在肺中会浓缩成一种黏性物质；尼古丁是一种会使人成瘾的药物，由肺部吸收，主要是对神经系统发生作用；一氧化碳会降低红细胞将氧输送到全身去的能力。有资料表明，一个每天吸15~20支香烟的人，其易患肺癌、口腔癌或喉癌致死的几率要比不吸烟的人大14倍；其易患食道癌致死的几率比不吸烟的人大4倍；死于膀胱癌和心脏病的几率要比不吸烟的人大2倍。吸烟是导致慢性支气管炎和肺气肿的主要原因，而慢性肺部疾病也增加了得肺炎及心脏病的危险。同时，吸烟也增加了患高血压病的危险。

被动吸烟又称"强迫吸烟"或"间接吸烟"，是指不愿吸烟的人被迫吸入别人吐出来的、夹有大量卷烟毒性物质的空气15分钟以上。被动吸烟者可能招致与吸烟者同样的病症。

吸烟的形成主要是外界环境的影响：比如好奇。另外还有刻意的模仿。香烟具有多种象征作用，历史上许多伟人都爱抽烟，这些伟人形象与吸烟联系如此紧密，无形中便成了一种力量和自信的象征，吸引着许多青少年去模仿。此外是成人或同伴的影响，吸烟者那种潇洒自如、悠然自得的神态对青少年肯定有极大的诱惑力，吸引着年轻人去模仿。

吸烟有时也是交际的需要。在中国吸烟已成为一种交际手段，敬烟往往是社交的序曲，能缩短人与人之间的心理距离。互相敬烟能沟通感情，产生心理上的接近，有利于问题的解决。许多人开始纯粹是因为社交上的应酬，但随着这种"礼尚往来"的增多，最终加入到吸烟者的行列。

吸烟有害健康，人人皆知。但吸烟的时间、环境、场合掌握不好更是害上加害，这恐怕是许多瘾君子始料不及的。

误区之一：清晨一支烟，精神好一天。

这是一些"老烟枪"的自我感觉，他们早上醒来第一件事就是燃上一支香烟，还美其名曰"早烟提神"。假如早起不吸一支烟，就感觉无所适从，甚至总觉得少做了一件什么事似的。特别是烟瘾大的人，往往人还未离床，就躺在被窝里迫不及待地吞云吐雾起来。是的，睁开睡眼，抽一支香烟，将一夜新陈代谢后血液中降下来的尼古丁浓度"弥补"上来，这对于那些"烟鬼"来说，精神确实可"为之一振"。可他们忽略了，经过了一个晚上，房间里的空气没有流通，甚是污浊，混杂着香烟的烟雾又被重新吸进肺中；另外，空腹吸烟，烟气会刺激支气管分泌液体，久而久之就会引发慢性支气管炎。民间有句谚语："早上吸烟，早归西天"，已为人们敲响了警钟。虽然说得有些夸大，但在一定程度上也可以说明早晨吸烟的危害性和严重性。

误区之二：饭后一支烟，赛过活神仙。

这对吸烟者来说更是一种非常有害的误导。饭后，血液循环量增加，尼古丁迅速地被吸收到血液，使人处于兴奋状态，脑袋飘飘然，就如同"烟民"们描述"神仙"一样的感觉。实际上，饭后吸一支烟，比平常吸十支的毒害还大。因为饭后人体热量大增，这时吸烟会使蛋白质和重碳酸盐的基础分泌受到抑制，妨碍食物消化，影响营养吸收。同时还给胃及十二指肠造成直接损害，使胃肠功能紊乱，胆汁分泌增加，容易引起腹部疼痛等症状。而且身体在对食物积极消化、吸收的同时，对香烟烟雾的吸收能力也增强，吸进的有害物质也增加。所以，可以这样说：饭后吸烟，祸害无边。

误区之三：如厕吸烟，一带两便。

这也是在民间流传了很久的一句俗语，而正因为流行，毒害才更加广泛。许多人认为厕所里有臭气，吸烟可以冲淡一些。事实上，厕所里氨的浓度比其他地方要高，氧的含量相对较低，而烟草在低氧状况下会产生更多的二氧化硫和一氧化碳，连同厕所里的有毒气体以及致病细菌等大量被吸入肺中，对人体危害极大。患有冠状动脉性心脏病或慢性支气管炎的病人在厕所内吸烟，可导致心绞痛、心肌梗死或气管炎的急性发作。

在厕所里吸烟是少数中学生的恶习，尤其对身体还没有发育成熟的孩子危害极大。这对于部分具有这种不良习惯的中学生来说，具有较强的针对性。

心理方法

（1）加强戒烟意识。一旦感觉总是不太舒服，要有这种意识，即戒烟几天后味觉和嗅觉就会好起来。

（2）转移注意力。尤其是在戒烟初期，多花点钱从事一些会带来乐趣的活动，以便转移吸烟的注意力，晚上不要像通常那样在电视机前度过，可以去按摩，听激光唱片，上网冲浪，或与朋友通电话谈心。

（3）经受得住重新吸烟的考验。戒烟后又吸烟不等于戒烟失败，但要仔细分析重新吸烟的原因，避免以后重犯。

（4）寻找替代办法。戒烟后的主要任务之一是在受到引诱的情况下找到不吸烟的替代办法：做一些技巧游戏，使两只手不闲着，通过刷牙使口腔里产生一种不想吸烟的味道，或者通过令人兴奋的谈话转移注意力。如果您喜欢每天早晨喝完咖啡后抽一支烟，那么您把每天早晨喝咖啡换成喝茶。

（5）打赌。根据一些过去曾吸烟的人有过戒烟打赌的好经验，其效果之一是公开戒烟，并争取得到朋友和家人的支持。

（6）少参加聚会。刚开始戒烟时要避免受到吸烟的引诱。如果有朋友邀请你参加聚会，而参加聚会的人都吸烟，那么至少在戒烟初期应婉言拒绝参加此类聚会，直到自己觉得没有烟瘾为止。

（7）消除紧张情绪。如果紧张的生活状况是您吸烟的主要起因，那么拿走您周围所有的吸烟用具，改变生活环境和有关程序。在交流场所放一些无糖口香糖、水果、果汁和矿泉水，多做几次短时间的休息，到室外运动运动，几分钟就行。

（8）体重问题。戒烟后体重往往会明显增加，一般增加5~8磅。吸烟的人戒烟后会降低人体新陈代谢的基本速度，并且会吃更多的食物来替代吸烟，但可以通过增加身体的运动量来对付体重增加，因为增加运动量可以加速新陈代谢。另外，多喝水，使胃里不空着。

（9）游泳、踢球和洗蒸汽浴。经常运动会提高情绪，冲淡烟瘾，体育运动会使紧张不安的神经镇静下来，并且会消耗热量。

（10）扔掉吸烟用具。烟灰缸、打火机和香烟都会对戒烟者产生刺激，应该把它们统统扔掉。

赌博伤财又伤身

曾几何时,赌博这个恶习慢慢开始侵蚀我们的生活,多少个原本幸福的家庭被毁灭,由此带来的一系列社会问题也显而易见,多少人最终以参与赌博而坠入毁灭的深渊。

赌博这个毒瘤难以彻底剔除,归根结底在于部分人妄想不劳而获的侥幸心理。根本没有意识到,参与赌博就当于慢性自杀,金钱的快速运动麻痹了神经,道德开始黯然无色,人性之光也悄然泯灭。

不少青少年都会以赌博作为消遣娱乐。例如赌波,赌马、打麻雀、买彩票,或其他各式赌场游戏。在某程度上赌博就像是我们文化的一部分。不过,当你的赌博行为出现失控,甚至在因赌博而产生各种问题和压力而无法自拔时,但仍有持续赌博的念头,你便是赌博上瘾了。

通常赌博成瘾的外在表现为:思想颓废纪律涣散、学习马虎、经常旷课或迟到、早退;行动诡秘,常常害怕别人发现自己的行踪;起居无规律,常常通宵大战,白天贪睡;对周围的事情漠不关心,只有当别人谈到钱时才眼睛发亮;身体明显消瘦,脸色发黄毫无血色,两眼无神,嘴唇发紫,有时哈欠连连;生活邋遢,衣冠不整,饮食无常;经常性地对在大谈自己辉煌的赌博史,比如某天又赢了多少、某天又输了多少,不时唾沫四溅；待人接物不讲礼貌，经常满口脏话，看人常常是一副贪婪的嘴脸。

赌博上瘾分为初级和严重两个阶段。

若出现以下行为，有可能你现在正开始或已经出现赌博上瘾的症状：经常赌博或一直想着赌博的事；经常单独出现在赌博场合，而且次数越来越多；在赌博场合逗留的时间也越来越长，用于赌博的时间比参与喜好活动的时间还要多；常常会因为赌博而延误上学的时间，但你并不在意，为了赢回赌本，穷追不舍；不再如实说出赌博的次数和赌博所花的金额，因金钱问题与家人或朋友争执，常因赌博而出现情绪低落，烦躁不安或失眠等问题；常常自以为赌博是一项重要的活动，赌博是一种容易赚钱的方法，赌博是一种健康娱乐，以为赌博是在自己控制范围以内。

严重阶段表现为：全心沉迷于赌博，脑海里老想着赌博的事，回忆着赌桌上的风云时光，或者计划着下次该到哪里与谁拼个高低。越赌越大的赌资才觉得过瘾，赌注要越来越大才能达到畅快。屡次想戒赌或少赌都不成功，当企图减少或停止赌博时，会觉得浑身不自在或者暴躁易怒，把赌博作为一种逃避问题或疏解坏心情的方式，情绪低落或者感到焦虑时，便想以赌来躲避问题。赌博输钱后，常常有一股欲望，想再去赌博来追回上次输了的金钱，并且自以为有一套必赢的方法。为赌博耗尽最后一分一毫，必须依赖他人提供金钱，才能缓解因赌博造成的绝望的财务处境。最后导致财政困难、债台高筑或破产；欺骗家人或他人，隐瞒其涉及赌博的程度，不惜向家人或者其他人撒谎；甚至利用诈欺，偷窃，或挪用公款等方式筹赌资。更甚者，常常因为赌博危及或失去某种重要关系，甚至行使暴力导致各种关系破裂或者自我伤害及自杀。

科学表明，嗜赌的人，比常人更易得病。

（1）据卫生部门检测，发现麻将、字牌上带有伤寒、痢疾、肝炎等30余种疾病的细菌和病毒。因此在边赌边吃的情况下，就会将麻将等赌具上沾有的细菌和病毒带入口中，影响身体健康。

（2）赌博者经常性地通宵大战打乱生活规律，处于极度疲劳和睡眠不足的状态，长期熬夜，血红蛋白减少，各种生理机能遭到严重破坏，导致机体抵抗力下降，从而导致多种疾病，他们往往面色蜡黄、身体消瘦、嘴唇焦黑、神色漠然、精神萎靡不振。轻则白天有气无力，重则暂时丧失劳动能力。

（3）大多数人在赌博时，往往需要吸烟以打精神，而烟中含有尼古丁、烟焦油、一氧化碳、氰化物、镉等上千种有害物质。这些有害物质随同烟雾进入身体伤肺、肝、肾、骨骼，使人体健康受到损害。

（4）长时间的赌博，身体长期处于一种特定姿势，久之会促使身体某些部位骨质增生而得颈椎病。还可引起坐骨神经病。特别是当前，参赌人员向低龄化发展，由于参赌博者身体尚未发育成熟，对参赌者的危害更为剧烈，必然会严重地危害身体健康，影响了身体健康和生长发育。

（5）一般来说，赌博上瘾时非得把钱输光了才会摆手，生活日夜颠倒、三餐不定时、使消化系统功能失调；破坏人的内分泌系统，使人反应迟钝，损害人的大脑，影响中枢神经系统功能，使人神经衰弱、失眠；同时影响心脏功能、血循环及呼吸道系统功能，破坏人的生殖系统功能，还会影响正常生殖能力。

（6）无论是哪一种赌博，赌徒长期处于精神高度紧张状态之中，大脑皮层高度兴奋，赢者往往大喜过望，易诱发脑血管意外疾患，输者则精神沮丧，易致精神疾患。赌博过度还会使人在赌博中猝死。近来报道的个别中学生在网吧猝死的案例中，无一不是通宵进行网络赌博而产生的。

有人说："赌博实际是严重损伤人体，毁灭生命的无声杀手，是世界性的公害。"这句话实不为过。

任何一个人的事业不外乎是在一定理想的支撑下通过加倍的勤奋而成功的，一个有理想，有志气的青年人是应该远离赌博的。孔子说："赌博是一种恶道，君子不应会赌博"美国赌博病理研究中心强调指出，赌博是一种病态反应性疾病，沉迷于赌博的人，严重地影响个人的正常生活，导致生物钟功能的紊乱，一个人的赌博行为严重影响到事业、人际关系，对社会、职业、财产、家庭观念产生病态，大多数赌博患者，个人前途被毁，家庭破裂，甚至走上了犯罪的道路。赌博对个人事业的危害是三方面的：

（1）荒废事业。新手初玩有赢，尝到甜头，渐渐上瘾。嗜赌成瘾者必然贪恋赌桌、陷身赌场，以至有家不回，有业不就。更有甚者由热情变得冷漠无情，由诚实变得谎话连篇，由上进变得萎靡颓废。

（2）赌博严重影响人际关系。赌博又是群体的违法犯罪活动，直接牵涉人际关系。一旦参与赌博，赢了的不会满足，赢者想赢更多，由于赢钱很轻松，必不珍惜，花似流水。输了的总想着"赶本"（把输的捞回来），结果是越赌越输，输的钱却可能是血汗所挣。常常有人全年的收入一局赔个精光，多年积蓄一夜输得精光，甚至卖房卖车，债台高筑。一个再好的人，染上赌博恶习后，各种好的人际关系会消失殆尽，如一具行尸走肉，一个人没有良好的人际关系，根本无法干好自己的事业。哪里还有什么前途可言？

（3）容易走上违法犯罪之路。身陷赌博，祸患无穷。赌博看似是公平游戏，具有娱乐性质。但其以不劳而获、实现财产权非法转移为目的，对社会、家庭及个人都具有巨大显性和潜在的危害性。金钱欲求和由此而产生的极端个人主义思想及心理，已成为因赌博而诱发其他犯罪的思想渊源和行为的内驱力。在赌博过程中，有价物和金钱是参赌者争夺的目的物，它是一种强大的腐蚀剂，强化参赌者对金钱的追求欲望，从而坚定作案的决心，并转化为作案行为。

心理疗法

赌博是一种习惯性行为，戒赌一点也不容易，但如果你拥有坚定的

第七章
改掉怪癖和不良嗜好

意志，则绝对可以应付或克服赌博问题。

（1）避免出席任何赌博场合，培养其他可取代赌博的嗜好，努力打消赌博的念头。

（2）控制现金的流转，限制现金的供应，如制定从银行提款的限额，对手头的现金进行适当分配不留下过多的钱进行其他活动。

（3）控制精神压力、定时做运动（如缓步跑）及学习松弛的技巧（如冥想等），或进行休闲活动（如听音乐、与朋友逛街），借此驱走闷气，舒缓紧张的情绪。

（4）定一个限额，无论你正在赢钱或输钱，只要赌款达到所定的限额，便立即停止赌博。

（5）从思想上筑起保护墙，树立起"千里之堤，毁于蚁穴"这个理念。青少年一开始都是以寻求所谓的刺激而放松放松为借口，逐步升级而染上赌瘾。因此，只有看透了赌博的本质，提高了思想认识，才能做到防微杜渐，远离赌海。

（6）养成记录的习惯，写日记可助你了解自己的赌博行为，找出赌博的倾向和模式进行反省。例如，你可能发现，每当你感到苦闷或失落、手上持有现金，或当你需要用钱时，便会赌博。这些记录可以帮助你找出抑制赌博的有效方法。你可透过各种方法，恰当地满足不同的需要。

借酒消愁愁更愁

据文献考证，我国早在古代夏禹时期开始做酒，在人类三大嗜好——烟、酒、茶中，别看酒既不能充饥、又不能解渴，特别是白酒也没有什么值得特别宣扬的营养价值，但中外古今世界各国都在喜庆的欢宴中少不了酒，所谓无酒不成席、无酒不足庆。

在现代社会生活中，美酒加咖啡更是一种时尚，特别是人逢喜庆更少不了三杯美酒敬亲人。作为礼仪交流的一种方式，酒文化的含义早已超越了它原本的内涵，但是这只能是在"适当"饮酒中才能展示其高雅和喜庆的风范。当然，适当少量饮酒还能健身。《本草备要》载："少饮则和血运气，壮神御寒，遣兴消愁，避邪逐秽，暖五脏，行药势"，有一定好处，但是一旦陷入嗜酒如命的酗酒成瘾状态则完全变了性质。

酗酒严重影响了人的身体健康，其危害性很大，使身体各个肌体都受到不同程度的损伤。

（1）长期酗酒将造成心肌脂肪化损伤心脏功能。

（2）酗酒必伤肝。肝脏是人体最重要的解毒器官，也是合成胆汁、贮存肝糖原的脏器，过量饮酒引起脂肪肝必然导致消化吸收功能障碍和免疫功能下降，使机体对各种疾病的抵抗能力降低。

（3）经常醉酒可导致血管痉挛、呼吸肌麻痹。

（4）经常酗酒会损伤生殖功能。医学研究证实：大量的酒精对精子和胎儿都有致命的"打击"和损伤，酒鬼的后代出现的弱智子女和畸形悲剧就是明证。中国历史上著名文学家陶渊明曾以其《桃花源记》的名作备受世人称颂，但由于一生嗜酒，连生五子非呆即傻，全是畸形弱智儿。

除此之外，过量饮酒还会对身体其他部位产生不良影响：大脑，摄入较多酒精对记忆力、注意力、判断力、机能及情绪反应都有严重伤害。饮酒太多会造成口齿不清，视线模糊，失去平衡力。

什么"交情深，一口吞，交情浅，舔一舔。""宁可伤身体，不能伤感情"之类的劝酒词，实在是反科学、反健康的害人之词，劝人伤身体的这类酒友还有什么"感情"值得珍惜呢？

酒精是一种合法的成瘾物质，对人体中枢神经系统有较强的亲和力，一次大量饮酒后能明显地影响人的心理状态，长期大量饮酒则可形成对酒精的依赖，成为一个人人讨厌的"酒鬼"、"酒徒"或"酒君子"，成为酒精的俘虏，心甘情愿地听从酒精的摆布，堕入万劫不复的深渊而不能自拔。那么，什么是酒精依赖呢？

酒精依赖是由于饮酒所致对酒精渴求的一种心理状态，可连续性或周期性的出现，以体验饮酒所带来的那种欣快的心理效应，有时也是为了避免不饮酒所带来的不舒服的感觉，这种渴求常常很强烈。一般认为，如果饮酒的时间和饮酒的数量达到了一定的程度，使饮酒者无法控制自己的行为，并且出现了躯体耐受或戒断的症状，我们就将这种症状称之为酒精依赖。

俗话说"老有老相，少有少相。"酒精依赖者也有其"赖相"。一般来说酒精依赖者具有以下特征：

（1）固定的饮酒模式。长期酒依赖者常常不分场合、时间的在很短的时间内饮下大量的酒，虽然多次宣称断酒而不能戒除。为了追求"喝酒的真正陶醉感",病人连续几天饮酒,不吃,不喝,也不洗漱,与外界隔绝来往。一直到身体脱水不能再饮酒为止。

(2)对酒的体验。酒精依赖的病人多数体验饮酒初期心情愉快,酒后喜欢交往,缓解紧张、焦虑和苦闷,减轻疲劳。这样,渐渐形成每天不断饮酒,随着饮酒量的增加和饮酒时间的延长,饮酒者就慢慢被酒精所俘虏,陷入不停饮酒的泥潭。

在心理方面,要想戒掉酗酒的"瘾"患,关键在于自己对酗酒的危害性有深刻的理解,树立"健康第一"的意识和采取坚强的自我克制措施。

心理疗法

(1)千万别给自己找借口。比如把酒柜里现存的几瓶酒喝光后就不买啦……白酒不喝,啤酒、葡萄酒总可以喝吧……别的酒不喝,这瓶好朋友送来的茅台总不能浪费了吧……诸如此类想喝酒的借口有的是,一定要把住"进口"关,说不喝就不喝,不给"酒虫子"留下喘息的机会,只有这样才能立竿见影把酗酒恶习连根铲除。

(2)主动避开诱因,特别是尽量少和原来的酒友见面,少去原来常喝酒的饭店就餐。

(3)每当酒瘾的"浪花"向你袭来时,你要立即想到这是冲向你"健康防波堤"的恶浪,千万别动摇,只要坚持5~10分钟,这股子成瘾性冲动便会逐渐减退。同时采取出去散散步或听一段音乐或找个朋友聊聊天等方法,转移一下注意力就过去了。

(4)最好有家人和好友的支持。一旦饮酒成瘾,要想三天两日戒掉是很不容易的,这时候亲朋好友的鼓励和支持戒酒的积极配合至关重要。比如每天晚餐都要来个一醉方休的习惯,就坚持把酒杯收起来改成吃过晚饭来点新鲜水果,然后和家人一起去室外散散步、弹钢琴、看看电视。总之要把与酒有关的心思转移开,并且用另外一个内容取代之。

怎样戒掉网瘾

如今说起孩子沉迷网络游戏、网络聊天，已经不仅仅是让孩子父母头疼那么简单了。这些孩子沉迷于网络构建的虚拟世界里，对父母、老师的劝告不加理会，有的甚至毁了自己的大好前途。许多家长都在寻找一条可以挽救这些孩子的道路，但更多的时候，家长努力的效果微乎其微。

网络成瘾是一种表现为耐受性、戒断症状等症状的心理生理性成瘾。互联网的飞速发展改变着信息储存、加工、传递的方式，给人类的社会生活带来巨大的改革，对人们的生活方式、心理行为产生了深刻的影响。因过度使用网络导致情绪障碍、家庭矛盾、社会适应等问题的人也越来越多。上网在给我们带来方便、效益和快乐的同时，也给人们的健康，尤其是精神健康带来了危害，其中最常见的就是染上"网瘾"。

上网的人，在网上可以获得超越生活的感受，满足他在日常生活中难以满足的某些精神需要。如：网上游戏中那曲折离奇、悬念百出、紧张而一步步地推向高潮的血腥打斗，给人提供强烈的感官刺激，以此来弥补生活中的寂寞与空虚；网上聊天，直抒胸怀，没有面对面交谈的压抑与戒备；还有那网吧情人、网上婚恋、黄色网页等等，更易获得现实生活中难以获得的精神满足，从而对人有着强烈的吸引力，以致在触网后，由乐趣不断增强，上网时间不断延长，到后来就与"网"难解难分，产生身心依赖。

若因故不能上网，就会出现与吸毒成瘾相仿的戒断症状：情绪低落、头昏眼花、双手颤抖、疲乏无力、食欲不振等，并且非上网不可。这样，就迫使上网者不断延长上网时间，而上网时间过长，轻者导致"网络综合征"，出现手腕关节不适、腰酸背痛、活动不灵、肌腱炎、腱鞘炎、视力下降及注意力不集中、紧张、焦虑、失眠、心情抑郁等心身症状；严重的甚至会像练气功一样出现"走火入魔"而导致精神异常。

如果有关症状和类型的描述只是让你觉得新奇，甚至你还跃跃欲试的话，下面这些曾发表在专业期刊上的研究结果可能会让你警惕起来。

首先，网络成瘾虽然不像真正的毒品那样会危及我们的生命，但长时间上网必然影响我们的健康：视力下降、肩背肌肉劳损、睡眠剥夺以及免疫功能变弱。当然，更为严重的是网络成瘾给学习、生活带来的灾难。

网络作为人类智慧的产物，虽不是洪水猛兽，但却是一把"双刃剑"。当今青少年在充分享受着网络时代的快捷与方便的同时，其身心也正承受着网络负面效应的煎熬。信息网络对于宣展自我、玩酷追星、极富好奇心和冒险精神的年轻一代而言，是一个"挡不住诱惑"的新奇世界。由于网络技术尚存在着一些不成熟、不完善之处，加之网络管理、规范的相对滞后，信息网络对青少年网民心理的负面作用也日渐凸现并引起社会各界的广泛关注。这是需要我们审慎对待的。

一些青少年网民过分迷恋与网上的"人机式"交往，会忽视真实存在的人际关系，产生现实人际交往萎缩和角色错位的现象；爆炸般的网络信息的挤压揉搓，会加大青少年网民的心理负担和压力，引发"信息污染综合症"等心理障碍；网络世界的虚拟性也会使青少年网民产生一种"特别自由"的感觉和"为所欲为"的冲动，做一些平时不能做，也明显是不道德的行为；长时间的上网会使一些青少年沉溺其中不能自拔，产生对网络的过分依赖心理，成为"电子海洛因"的"吸食者"，染上"上网成瘾症"等心理疾病。

英国诺丁汉大学心理学专家麦克·格里弗斯博士认为，"过分迷恋上网有损身心健康，严重的会导致心理变态，危害程度不亚于酗酒和吸毒。""患者的行为与吸毒成瘾类似，一接触因特网就兴奋异常，没机会接触就寂寞难耐。"可见，网瘾问题的心理危害不容小视。

其实，迷恋网络的危害远不止以上所列，网络欺骗、赌博、色情、人身攻击、反动言论、犯罪行为以及各种网络垃圾等都可能使青少年受到伤害。正如一位网络罪犯在法庭上所说："对没有成年人监护的青少年来说，因特网是一个非常危险的地方。"

青少年的自制力、理性发展都还未达到成人的状态，所以很难控制自己的自治力和好奇心，很容易导致网瘾问题的出现。这就需要借助学校、家庭、社会的力量。

心理疗法

（1）上网之前先限定时间。看一看你列在纸上的任务，用一分钟估计一下大概需要多长时间。假设你估计要用40分钟，那么把闹钟定到20分钟，到时候看看你进展到哪里了。如果嫌用闹钟麻烦的话，可以在电脑中安装一个定时提醒的小软件，在上网的同时打开，这样就能有效地控制你的上网时间了。

（2）上网之前先订目标。每次花两分钟时间想一想你要上网干什么，把具体要完成的任务列在纸上。不要认为这个两分钟是多余的，它可以为你省10个两分钟，甚至100个两分钟。

（3）不要把上网作为逃避现实生活问题或者消极情绪的工具。请注意：借网消愁愁更愁。理由之一是，当你几小时后下网的时候，问题仍然在那儿,"逃得过初一、逃不过十五。"理由之二,你的上网行为在你不知不觉中已经得到了强化,你看:上网——注意力从现实中转移——忘记生活烦恼,不需要几次,你就会如同巴甫洛夫的狗记住铃声会带来食物一样,记住上网能带来忘忧。以后,你一听到调制解调器的声音就会兴奋不已。

(4)认知。父母和网瘾孩子像朋友一样协商,不要说教,双方互相尊重,首先明确学习是青少年的主要任务,身心健康是青少年发育、发展的关键。然后理出网瘾对青少年的危害,如荒废学业,损伤身心健康,上网要钱,而钱不够便会养成说谎的习惯,上网占用时间过多会疏远亲情与友谊,不利心理发展。与此同时,家长还要主动与老师配合。

(5)系统脱敏。父母与网瘾孩子双方协商,定出总体计划,在两个月内逐步减少上网时间,最终达到偶尔上网或不上网。如原来每天沉迷网吧8小时以上,则第一周减为6小时,第二周4小时,第三周3小时,第四周2小时。网瘾者能按计划执行则给予奖励(用代币制),即每周发给适当的代币,到月终换为现金。做不到时则罚,但不可打、骂,而是将孩子最喜欢的食物、娱乐、看电视或其他活动予以减少,如不给吃快餐,不给吃冰淇淋等。这样,两个月内会消除网瘾。

(6)代替疗法。青少年需要充实的精神生活和娱乐,所以不让其上网则必须找别的爱好替代。如游泳、打球,陪孩子登山、旅游等。

(7)厌恶疗法。叫孩子左手腕带上粗的橡皮筋,当孩子有上网念头时立即用右手拉弹橡皮筋,橡皮筋回弹便会产生疼痛感,转移并压制上网的念头。拉弹的同时,孩子还要提醒自己,网瘾有危害。家长要培养孩子的意志力,用意志力压制上网的念头。

第八章

青苹果、红苹果

给女生的私房话

女孩子的私房话是人类一个非常重要的组成部分。它不仅仅是两个人培养好关系的问题，它还包括两个人之间的情感，如何选择爱你的人和你爱的人，这是女孩子应该知道的私房话。

当你喜欢上了那个追你的男生，一定要记得，不要让他在你的家门口等上太久，因为任何人的耐心都是有限度的，不要以为他喜欢就可以毫无怨言的为你白白浪费几个小时的等待时间；如果你不喜欢他，那么请早点告诉他，不要让他再为你耗费自己的青春、感情、还有金钱，更不要把他的追求当成是自己炫耀的资本，被人玩弄的感觉就像吞了一只苍蝇那样恶心，为了保持你的形象，请你最好早点拒绝他。

在你的朋友和他的朋友面前不要表现的像一个母老虎一样，男生总是爱面子的，在外人面前多给他一点也没有什么不好的，更何况他是你的男朋友，而且自己也能落个贤妻良母的称号，一举两得，何乐而不为呢？对他要加倍的呵护，男孩总是比女孩过得更难，在外面风风光光的，心里也许有很多说不出来的苦衷，所以当他偶尔向你诉苦时，摆了一张臭脸的时候你绝不要生气，要用你的温柔打动你的男朋友，谁还没有不顺心的时候嘛。

第八章
青苹果、红苹果

不要和别人攀比，女生有时候虚荣心比较重，但是为了你们的将来，请千万不要说出你看谁谁谁今天又买了什么什么的，虽说说者无意，但是这时候男生心里面肯定会很不好受，脾气好一点的会不说话，脾气不好的估计就要发火了。不要当着男朋友的面大肆夸奖别的男生，除非你是不想和他交往下去了，因为这样的直接后果就是他会以为你看不上他了，所以才会这样当面羞辱他。

不要宣扬那个所谓现代男生的"三从四德"，什么"老婆的命令要服从，老婆上街要等，老婆的……"等等，站在一个女性的角度来看都觉得这个是很不合理的，更不要提男生了；逛街的时候不要一心只想着自己逛的爽，其实大部分男生都是不喜欢陪着女孩逛街的，有的可能都没有陪过自己的妈妈，只是由于你是他的女朋友才没有发飙而已，换个人早就溜之大吉了，所以买了东西就赶紧回家吧，要是非要逛的话不如去找同性朋友，和她们逛起来才是真的尽兴，相信谁都不想看自己的男朋友走进一家服装店的第一件事就是找板凳。

不要每天神经兮兮地拿着他的手机看看有没有什么不好的短信，是你的别人抢都抢不走，不是你的再怎么样都留不住的，所以相信自己，做个自信的女友；对他的父母一定要好，当然毫不讲理的婆婆除外，因为他妈妈和他在一起的时间远比你们在一起的时间要长，他们的感情肯定也比你们的要深，不要问那种"我和你妈妈同时落水你会救谁的问题"，很多时候答案往往会让你伤心，要不就是他根本就是哄哄你罢了，况且如果没有他妈妈的悉心教导，怎么会有这么优秀的男生呢，所以把他的妈妈当你自己的妈妈一样看待吧。

不要和别人说你们两个人之间的小秘密，即使是再亲密的朋友也不能说，除非他不知道，否则他知道了心里肯定又会有疙瘩的；做错了事就要主动承认错误，那种认为两个人吵架不管谁的错认错的一定是男生的想法已经过时了，现在男女平等，犯了错误承认一下又不会多长两斤肉，所以错了就请对他勇敢地说:"亲爱的,我错了,原谅我好吗?"这样就好了,矛盾一下子全解决了。

不要背叛他,给男友真正的安全感,让他能放心大胆地去开创自己的事业,并且始终记住:无论贫穷还是富有,健康还是疾病,都要相爱相依,不离不弃,直到死亡;不要动不动就呵斥男朋友,谁也不愿整天对着一张大长脸,尤其如果是自己心爱的人老这样对自己,心里会烦到极点!

心理疗法

(1)要学一两门手艺。譬如女红、插花、绘画、烹饪之类。年轻并不代表肤浅,美丽与空洞无须并驾齐驱。找一个适当的时候露一手,换来诧异眼光的同时,让自己多出一份优雅的自信。

(2)生活在这个物欲横流、灯红酒绿的纷繁年代实在不易。走在复杂多变的人生道路上难免跌倒、吃亏、伤痛、落泪。要学会原谅自己,这样才能懂得宽恕他人。人生无际,岁月茫茫,如同布满繁星的浩瀚夜空。

(3)别光惦记着异性。要有几个不离不弃、从小到大的闺房密友。你们可以交流经验,取长补短,绕过已经证实错误的道路,避免已经上演过了的悲剧。爱情不能替代友情,纵使遭遇旷世奇缘,爱到天崩地裂,也要珍惜这些陪着你长大,最了解你、最没有利益和企图的闺房密友。

(4)不要勾搭比自己大十岁以上的男人,那种恋情若有结果恐怕比中福利彩票头奖还难。如果为财,桃色交易时要为自己标明价码并且货到付款;如果为情,那请记住:水稻在南方是可以一年收获两三季的。

(5)如果有机会,可以打起行囊,每年出一次远门。到陌生的环境可以拓展眼界,让你认识一些在你日常生活中所遇不到的人和事。心胸开阔的同时,也有助于你在与人交往时多一些内容,不显得浅薄。

（6）不要将美丽当成饭碗。那是最没出息、最不保险、也是最不经用的谋生手段。相貌姣好和身材俏丽只能归功于父母的杰作和上帝的恩赐。有多少男人会为你一掷千金无须炫耀，哪个男人肯为你付出真情才值得自豪。如何在"天生"的后面再添加"丽质"就完全依靠自己的觉悟和能力了。

（7）可以无知但不能无脑。无论你是多么的聪明、机警也比不过被这社会普度的芸芸众生。靠近你该靠近的，远离你该远离的，得到你该得到的，放弃你该放弃的。女孩子有很多犯错的机会，但切忌犯低级错误和重复相同的错误。这些与你今后的幸福有关，其中的道理你会慢慢明白。

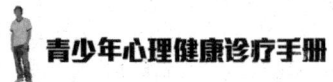

心跳的感觉

青春期是由儿童生长发育到成年的过渡时期,是以性成熟为主的一系列的形态、生理、生化、内分泌及心理、行为的突变阶段。青春期是人的一生中变化最大的时期,所以,人们用许多激烈的语言来描述青春期,青少年青春期心理有不同的表现。

渴望了解性知识。青春期少年随着身体发育的变化很自然地想了解有关性的知识。因为在生理发育之前,男女少年的体态差别不大,身体发育之后,男女少年就有了明显不同的特征,于是很想了解自己和异性身上发生的变化是怎么回事,而表现出对性知识的渴求和兴趣。

这种要求是正常的、合理的。它不仅有助于少年破除性神秘感,掌握正确的、科学的性知识,促进身体发育和心理健康,而且对人的一生都会产生深远的影响。但是,由于封建意识的影响和长期存在的性愚昧,有些人把探求性知识的兴趣看成是羞耻的,甚至是罪恶的心理。受此影响,有的青少年在学习科学的性知识时,产生了一种负罪感,并在这一心理的支持下,把本来是科学的性知识看作是一种下流的东西,把应该公开地、坦荡地向老师求教的过程,变为私下秘密的"自我探索"过程。

第八章
青苹果、红苹果

对异性的爱慕。青春期少男少女彼此向往是青春期性心理发展的正常表现。由于它是以两性间的自然吸引为基础而产生的最纯洁、最真挚的感情，因而是高尚的、美好的。它往往成为一个人性爱心理发展的原始阶段。然而，正因为它是"原始的"，所以，青春期少男少女间彼此向往，没有成年后的青年恋爱那样具有深刻的、丰富的社会内容，也不是建立在双方寻觅终身伴侣、建立家庭、生儿育女，对社会、对他人，对后代负有责任和义务的基础上。

因此，青春期的异性爱慕是"怀春"心理，与成年人的恋爱是不同的。在其行为表现上，有时虽有类似成年人的恋爱举止，但一般说来，还不是恋爱本身，只是一种朦胧的对异性的眷恋和向往。对此，我们要珍视这种纯洁的情感，要培育它而不要拔苗助长，要保护它不要让它受到侵害，不能用对成人恋爱的方式来对待这一颗颗稚嫩而脆弱的爱。

情爱型梦幻。处于青春期的少年，有时会想入非非，以梦幻的假想来满足心理上的需要。有的把曾经在电影、电视、杂志、文艺书籍中看到的情爱镜头和片断，加以重新组合，虚构出自己与异性交往的种种情景。有的并没有异性邀他一起去玩，他就假设一位异性给自己寄来了约会的信，邀他一起去玩，却郊游。这种梦幻心理又称"白日梦"，指的是人在清醒状态下所出现的一系列带有情节的心理活动。这是青春期少年中普遍存在的，有的人想得多些、时间长些，有的人想得少些、时间短些。一个人偶然出现梦幻心理是正常的、自然的，但如果经常出现梦幻心理，以幻觉代替现实，就可能会引起心理的异常，导致病态，应当加以注意和调节。

自慰行为。青春期由于性机能逐渐成熟而出现的性欲望，是青春期发育中正常的生理和心理现象。但是人类性本能的实现和满足，是受一定社会道德和法律规范制约的。因此，青少年性欲望的缓解，通常表现为各种自慰性的行为，如手淫就是一种。未婚青年通过手淫来满足性冲动，在青春期是常见的现象。虽然，这不是一种正常满足性冲动的方式，但不能把它说成是道德败坏的行为。

一般随着性心理的发展，青少年大多数表现出一系列性心理行为，如对性知识的兴趣，对异性的好感，性欲望，性冲动，性幻想和自慰行为等，概括起来青春期性心理的特点主要表现为：

（1）性心理的朦胧性和神秘感。青少年的性心理起初缺乏深刻的社会内容，基本上还是一种生理急剧变化带来的本能作用，好像鬼使神差似的对异性发生兴趣、好感与爱慕。但是这种性爱的萌动，似乎披着一层朦胧的轻纱，其中不少男女青年并不了解多少有关性的知识，只是对性有较浓厚的神秘感。这时他（她）们对异性的兴趣、好感和爱慕，主要由于异性的吸引，正是在此基础上，在朦胧纷乱的心理变化中，性意识会逐渐强烈和成熟起来。

（2）性心理的动荡性和压抑性。青春期是人一生中性能量最旺盛的时期。但由于这时不少青年的心理不够成熟，还没有形成稳固的性道德观和恋爱观，加上自我控制的能力很弱，因而很容易受到外界因素的影响而动荡不安。

（3）性意识的强烈性和表现上的文饰性。青春期心理上显著的特点是它的闭锁性和强烈的求理解性，这也导致了他们性心理外显方式的文饰性。一方面他们十分重视自己在异性心目中的印象与评价，另一方面却又表现得拘谨、羞涩和冷淡；他们内心对某异性很感兴趣，但表面上却又有意无意地表现得好像无动于衷，不屑一顾，或做出回避的样子；他们有时表现得十分讨厌那种男女亲昵的动作，但有时实际上又很希望自己能体验体验等等。这些矛盾心理的表现，使青少年往往产生种种的冲突与苦恼。

(4) 男女性心理的差异性。青春期的性心理由于不同的性别也有明显的差异。在对异性感情的流露上,男性表现得较为明显和热烈,女性表现得含蓄和深沉;在内心体验上,男性更多的是新奇、喜悦和神秘,女性则往往是惊慌、羞涩和不知所措;在表达方式上,男性一般较主动,女性往往采取暗示的方式。

心理疗法

(1) 孩子出生后,无论性别如何,在取名、着装、生活用品的选择上都不应混淆,以免孩子从小对自己和他人形成性朦胧意识,从而影响孩子的性取向。期望孩子是父母所盼求的性别,或双亲偏爱男孩或女孩,或有意地把女孩扮男装或将男孩扮女装,均会影响孩子的性自认,导致后来性格和行为上的改变。

(2) 当孩子能听懂言语时,父母应把性教育贯穿于日常生活中,如在洗澡、着装、修整发型及玩具选择等方面要有明确的性别区分。还可通过书报、画册、影视、讲故事等去引导孩子观察动物、植物的生长和繁殖,使孩子对生殖产生一种自然的认识,从而使他们接受大自然,热爱人类,认识生命本质,使性自认得以完成。

(3) 当孩子提出有关性方面的疑问时,父母不应回避,应该用孩子能理解和接受的言语和方式给予解答,使孩子的好奇心和求知欲得到基本上的解决和满足。

(4) 自由探索自己的身体是健康性教育的良好开端。父母在家庭生活中,要选择适当时机,如洗澡、睡觉前等,很自然地让孩子认识自己的身体,尤其是要孩子认识到生殖器官与人体其他器官一样并不神秘,而且引导孩子要保持自体清洁,养成良好的卫生习惯。

（5）对常遇到的问题应恰当予以理解。如人是怎样出生的？可以从植物开花结果讲起，接着联系到人的性与生殖。浅显地介绍人类生殖的生理，有助于孩子弄清问题。总之，对孩子进行性教育时既要如实相告，又不能太复杂；既要鼓励孩子的求知欲，又要把一些具体细节很自然地延迟到孩子的未来生活中去了解。

（6）父母自身行为的规范也很重要。父母之间感情真挚、融洽，道德高尚，给孩子树立良好的榜样，就会使孩子热爱人生，热爱生活，正确对待性的问题。

男孩子的事情

　　青春期是男孩子生命曲线的又一个高峰期，在生理、心理上会发生很大变化，从而带来一些困惑和烦恼。作为父母，您应该向男孩子讲述哪些知识，怎样帮助他们健康地度过青春期呢？

　　首先要让他们了解第二性征，青春期男孩子最突出的变化就是第二性征的出现。从外貌外形上看，主要表现在面生胡须、喉结隆突、嗓音变粗、生长体毛等；从生理机能上看，表现为性功能开始启动，可出现勃起、遗精等现象，说明男青年发育已经走向成熟，具备了生育能力，成为真正的男子汉。性机能的启动引起了心理上的重大变化，出现了性意识，比如性梦以及对异性的向往等等，这些都是正常的生理、心理现象。

　　正确对待遗精与手淫，作为父母，您不应该让您的孩子对性梦再有这种疑问。性梦中常常伴有遗精，属正常的生理现象，约有80%的未婚男青年都会发生。遗精在某种程度上可以解除体内的紧张，造成一种生理上的平衡。它不是病态，不会大伤"元气"。正常情况下，一般每月二三次左右，如果每周数次或几乎每夜都发生，那就不正常了。有时候尿道口流出透明的液体，可拉成长丝，那是尿道分泌物，要和遗精区别开来，这也是正常现象。

青春初期的许多男孩子，为自己的梦遗及乳房发育感到不安。第一次梦遗通常是在13~15岁之间出现。有的家庭对此完全不加过问，父母应让孩子正确对待，并进行正确的引导。

性，是人类的本能，面对青春期突然而至的变化，许多男青少年困惑、紧张、不知所措。青春期开始后，男子性器官迅速发育，促使雄性激素分泌旺盛，第二性征开始出现。性机能的萌动引起了心理上的重大变化，性意识逐渐觉醒。这是青春期发展的必然产物，是正常的心理表现。面对青春期的变化，男青少年应走出不必要的误区。

性禁锢与性解放：走出两个误区。

受中国传统性文化影响，少数青少年认为性是龌龊下流、不可触及的领域，自己头脑中的性意识是不应该出现的"危险品"，产生了自卑感、罪恶感，强制压抑自己，把"性"禁锢起来。

还有一部分青少年，受西方"性自由"思潮影响，欣赏性解放行为。这里，我们特别强调，青少年朋友应该对婚前的性行为说"不"，这是因为它后患无穷：第一，男青年最初钟情的女孩并不一定就是择偶的终身伴侣，婚前性行为是一种不负责任、不道德的草率行为，会给双方心理造成终身难以愈合的伤痕。第二，婚前性行为对女性的危害程度更大。女子既要承担怀孕、堕胎的痛苦，又要承受社会舆论的谴责，还不能得到家人的安慰。第三，因为没有按规定做健康检查，婚前性行为可能传播性病、肺结核病、乙肝、艾滋病等疾病。

树立健康性观念：筑就一道思想堤坝。

性的道德观念应受到法律、伦理、社会的制约。应树立健康的性观念，把个人的性欲望与自身的成长与健康协调起来，把个人的性意识与对社会尽责统一起来，这需要我们自觉地在思想上筑就一道堤坝，使青春航船沿着正确轨道行进。

首先，我国的性教育工作还很薄弱，一些青少年无法从父母、老师、获得性知识，看淫秽影碟、录像带或浏览国外黄色网站，结果受了毒害，模仿其中的动作，走上犯罪的道路。我们希望，有条件的家庭可组织进行性知识教育，使青少年得到健康的性知识。

其次，青春期是增长知识、陶冶情操、学习各种本领的关键阶段。沉湎于性困惑而不能自拔必将干扰正常的学习和生活。当出现性冲动时，不妨用"能量转换"的方法把精力分散，比如进行体育锻炼，促膝谈心，参加各种有益的社会活动等，以此来释放青春能量。

青春期的男孩子应该禁忌一些行为。

忌早恋及过早性生活，一般而言，男子到二十四五岁才发育成熟，如果早早地过性生活，性器官还没有发育成熟，耗损其精，易引起不同程度的性功能障碍，成年后易发生早泄、阳痿、腰酸、易衰老等。

忌不洁性交，男子的不少性传播疾病，如梅毒、淋病等，与不洁性交有关；不洁性交不但容易使自己染病，还会将病虫害传染给妻子甚至孩子，危害极大，切不可抱侥幸的心理而为之。

忌性生活过频过密，适度的性生活可以给人带来愉悦的心境与体验，对身体与养生均有好处，但是，如果恣情纵欲，不知节制，生殖器官长期充血，会引起性功能下降，易引起前列腺炎、前列腺肥大、阳痿、早泄、不能射精等毛病。

忌天天穿牛仔裤，医学研究证明，男子的生殖系统要求在低温下最好，经常穿牛仔裤，会使局部温度过高，使精子形成不利。因此，不宜常穿牛仔裤，尤其是在夏天及气候较湿时。

忌不讲性器官卫生，讲究性器官卫生不只是女子的事，男子也应同样重视。尤其是包皮过长者，要经常清除包皮垢，因为包皮垢不但容易引起阴茎癌，也易引起妻子患子宫颈癌。

忌不经常自我检查，医学研究证明，睾丸癌、阴茎癌之类，早期发现的治愈率很高，一旦发展到晚期，则疗效不理想。

心理方法

（1）心理健康。在青少年的自我意识迅速增强，从形象思维走向抽象思维的时候，父母要多向他们讲授科学、先进、健康的新鲜事物。如果出现怀疑、忌妒、逆反等心理时，父母要冷静分析，切莫粗暴对待。

（2）情绪乐观。青春期男孩子的情绪容易激动，起伏大，有明显的两极性，如狂喜、激愤、绝望等。父母应让他们学会自我调节情绪的本领，经常和他们谈心，让他们学会正确对待表扬和批评，克服情绪易起易伏的弱点。

青涩的苹果

父母在对待青少年的异性交往方面所犯的最常见的错误，就是对青少年的异性交往过分的敏感，把正常的异性交往错看成是早恋，于是就采取一些不恰当的干预措施，结果反而使没有早恋关系的青少年产生了这种关系，或者给青少年的正常交往造成种种障碍，影响了青少年的正常交往活动。

早恋是青少年时期一个非常普遍的现象。首先，应当认识早恋。早恋现象在初中、高中很普遍地存在，这和孩子到青春期的性征发育有很大的关系。孩子进入青春期，第二性征都在很好的发育，对异性容易产生一些好感、羡慕，愿意和异性交往。在这种情况下，由于受文化、媒体的影响，他们接收到的外界的信息要比父母那个时代多很多，所以，早恋现象应该说是正常的现象。

父母要正确认识孩子的早恋，恰当地对待不要把早恋苗头或早恋行为看成是十恶不赦的罪行，而应看成是青春期的青少年很容易出现的行为，甚至可以说是青少年成长过程中容易发生的正常现象。对于初中阶段青少年的精神恋爱现象要具体情况具体分析。首先，早恋现象本身有很大的差别；其次，进行早恋行为的青少年之间有很大的个体差异。因此，在对待青少年早恋现象时，一定要注意区分不同情况，根据具体情况采取灵活的引导措施。

一般而言，对青少年早恋现象的引导，要在平等、友好的气氛中，以适当的方式和语言，在没有别人在场的情况下进行。要提醒青少年维持正常的男女友谊，交往不要超越界限，不要影响学习，不要采取不负责任的轻率行为，以免造成不可弥补的有害后果。

青少年正处在长知识、长身体的"黄金时期"，无论在生理上，还是在思想上，都还不够成熟，经济上也不独立。故不宜过早的谈恋爱，青少年的早恋行为，一般来说，有以下几个特点：

朦胧性学生还不懂得什么是真正的爱情。有的把对某个异性的好感当成了爱，这是一种"假性的爱"；单纯性谈恋爱、找对象，爱情并不是唯一的因素，而有些政治和经济方面的考虑。但是青少年在早恋时对这一切都不考虑。这是他们的优点，因为这种感情比较纯洁，但是这也可以说是他们的缺点，因为他们幼稚无知，缺乏生活经验，他们天真的幻想往往会在现实生活面前碰壁。

差异性在少年时期，性教育的程度各不相同，性要求的程度也各有不同；不稳定性青少年生理和心理正处于一个急剧变化的过程中，变化很大。他们的理想、志趣、爱好、性格等往往会发生变化，从而引起爱情的变化。而且，恋爱越早，离结婚之日越长，例如15岁时开始谈恋爱，到近结婚之日也有近10年，夜长梦多，在这近10年的时间里，男女双方的情况都会有很大的变化，而每一种变化都可能影响到爱情的巩固和发展。因此，早恋成功，能够永结同心者很少，白头偕老的人往往不是早恋的对象，早恋时所说的"永远爱你"往往是一种天真幻想和难以实现的空话。

青少年早恋行为的产生有很多种类型，由于不同的认识和受教育程度的不同，这样的行为是青少年避免不了的。

第一种，好奇型，即青少年由于对异性的好奇心而产生的早恋现象。

对异性产生强烈的好奇心，是青春期的青少年随着性意识的发展而自然产生的一种心理现象。青少年由于生理发育和性成熟，很容易产生性冲动，对异性变得很敏感，渴望了解异性的心理和生理，了解异性对自己的态度。为了满足这种好奇心，就想结交异性朋友，建立恋爱关系。

第二种，爱慕型，即青少年之间由于爱慕对方而产生的早恋现象。根据爱慕对象的不同，又可分为：仪表型，就是由于爱慕对方外在的仪表而产生的早恋；专长型，就是因为爱慕对方的能力专长而产生的早恋；品性型，就是由于爱慕对方的优秀品性而产生的早恋。

第三种，从众型，即青少年迫于周围人的压力而产生的早恋现象，周围人是指所有的同年龄群体。

第四种，模仿型，即青少年因为模仿别人的行为而产生的早恋现象。模仿的对象主要来自社会生活，影视作品和报刊书籍。

第五种，补偿性，即青少年为了获得感情补偿和排解受挫的情绪而产生的早恋现象。感情补偿是指青少年在学业上或感情方面受到挫折时，出于争强好胜的心理，或者为了摆脱感情创伤，一些青少年就想用早恋的方式排遣受挫的情绪，从异性那里获得感情补偿。

第六种，愉悦型，即青少年为了获得愉悦的情感体验而产生的早恋现象。青春期男女之间的密切交往，往往会给双方带来愉快的体验，这种愉快的体验会进一步促进青少年之间的密切交往，逐渐转变为早恋。

第七种，病理型，即青少年由于病理原因而产生的早恋现象。在当代社会，由于营养过剩、一些食品中含有性激素的作用，或者生理上的疾病、家庭遗传等原因，造成一些青少年身体早熟，身体外观像成年人，或者心理早熟，或者性变态心理。这些都会诱发青少年的早恋现象。

第八种，逆反型，即由于青少年在两性交往中受到别人不恰当的干预所产生的早恋现象。最典型的就是产生你们不许我这样做，我偏要这样做的心理。在逆反心理的作用下，正常的异性交往会迅速向早恋关系发展。

心理疗法

（1）改变老师和父母对早恋的态度。青少年出现对异性的渴望，是人生发育到某一特定时期所发生的自然变化。伴随着性的成熟、朦胧的性意识开始转变成自觉的追求。青少年会逐渐对异性产生好感，渴望亲密交往，同时还会出现性的欲望，并以各种方式去满足。

（2）对发生恋爱的青少年，要尊重他们的感情，理解他们的行为。既不能过分敏感，又不能视而不管，对青少年异性之间正常交往不要横加干涉，把友谊交往误认为早恋。一旦青少年发生恋情，不宜采取压制、打击、惩罚等方法解决。青少年的恋爱常表现情感炽热、强烈、秘密性强、片面性大，因而理智脆弱，承受感情挫折力极弱。如何引导、提高青少年的自我控制能力才是关键问题。恋爱的欲望本身是正常的，完全没有是病态，无论脑内怎么想都可以，但要限制在一定的行为规范内，父母越控制越会出问题。

（3）帮助解决性心理烦恼青少年早恋者，往往因恋爱或社会的压力而造成内心剧烈的冲突，严重的影响学习，影响身心的健康。处理好早恋所致的内心冲突及社会环境冲突是保证青少年精神健康的关建。

（4）帮助青少年分析自身的情感循循诱导，进行性教育，帮助他们消除性神秘感，区分友谊和爱情的关系。使他们领悟到：青春期后对异性产生好感和爱慕是正常的，但由于心理尚未成熟，各种价值观均不明确，又缺少生活经历，接触范围有限，对异性的爱慕多是非特异性的。

与异性交往

由于青少年性意识的觉醒,他们对异性产生好奇、关心、爱慕和愿意接近的心理与行为,都属于正常现象,父母不必大惊小怪或进行粗暴干涉。但也应该提醒正处于青少年时期的孩子:友情姓"友",是朋友之间的友好交往;爱情姓"爱",是自己和所爱者之间的心心相印。同时也进一步告诉孩子,当你感到对方具有强烈的吸引力,产生愿意和对方在一起的热望时,就应该引起注意,千万别越出友谊的界限,跨入早恋的误区。

宜疏不宜密,异性同学间的交往是正常现象,但一定不要一门心思地钻在里面。男女同学有性别之差,人的一些潜意识往往在与异性的交往中被发掘出来。过于频繁地与异性交往会唤起人的热情,激起人的冲动。所以男女同学的交往频率要低一些,这样有利于孩子的健康成长。

宜泛不宜专,在青少年当中异性同学的广泛交往,对他们自身的学习、思想都有促进和帮助,也有利于情绪的振奋。而异性同学之间长期的专一交往,言谈由浅入深,由一般到特殊,这样会由本来正常的同学交往发展为"一日不见,如隔三秋"的相恋。广泛的异性交往则能避免他们双双陷入早恋的误区。

宜短不宜长,青少年中两个异性同学的交往时间不宜过长。有的同学从初中到高中一直形影不离，长此下去，从相聚到相恋就难以避免了。如果在与异性同学的交往中注意接触时间短些，范围广些，从而可以了解各种禀赋、气质的异性同学，这会使青少年有更多的益处。

对青春期异性交往的误解总是避免不了的。

误解一：中学生还不成熟，不懂事，不具备与异性交往的条件。

与异性交往是一种很特别的任务，需要准备好特别的能力，而这种能力又不能通过与异性交往本身的锻炼来形成。这实际上是在将异性交往神秘化，把异性交往划为禁区。它可能成功地阻止了一些青少年的尝试行为，但是，它同时也加重了青少年在异性交往方面的心理负担，给青少年达成异质社交性增添了不必要的障碍。

误解二：学生的主要任务是读书，与异性交往是长大以后的事。

这是以成人的标准来要求孩子，成长包括很多方面，学会与人交往，包括与异性交往，是个人成长不可或缺的内容。因此，它也是孩子学习的任务之一。其次，心理学的研究表明，学会与异性交往，达成异质社交性是"青春期"最重要的社会目标之一。

误解三：与异性交往是少数学生的行为，"好学生"不应该仿效。

与异性交往是青少年心理社会发展的正常需要，所有发育正常的中学生都会自然地产生这方面的需求。但是，由于中学生被灌输了对异性交往的很多偏见，他们可能自觉或不自觉地压抑自己的需求，不敢做出相应的行为。一些学生则用"地下活动"的方式来与异性交往，不敢让老师和父母发现。这样的境况对学生们正当的异性交往是非常不利的。

误解四：中学生谈恋爱成功率很低，中学生与异性交往没有什么好处。

这种思考的逻辑也是不成立的。首先，恋爱的成功与否不能只以结婚与否来衡量。如果一次恋爱使双方都得到成长，它就是有价值的。初恋的成婚率可能很低，但是这决不意味着初恋没有价值或没有必要。其次，

"早恋"的成功率低也不能作为否定异性交往的理由。

误解五：如何处理异性关系不需要别人指导，到时自然就会。

对涉世不深的青少年来说，与异性交往是一个全新的领地，有很多的疑问和困惑。资料表明，在社会风气十分开放的美国都有相当一部分大中学生把与异性交往当做一个难题。在观念相对保守，而且对青少年异性交往充满偏见的中国，不难想象青少年在这个方面的问题和困难更多。

与异性交往最好还是注意一下原则，以免走进心理误区。

不宜过分的冷淡。男女生交往时，理智从事、善于把握自己的感情固然是必要的，但不应过分冷淡。因为这样会伤害对方的自尊心，也会使人觉得你高傲无礼、孤芳自赏、不可接近。

不该过分亲昵，男女生交往时要注意自尊自爱，言谈举止要做到文雅庄重。过分亲昵不仅使你显得轻佻，引起对方的反感，而且还会造成不必要的误会。不可卖弄，在与异性交往中，因想卖弄自己见多识广而讲个不停，或在争辩中得理不让人，都会使人产生反感。

不必过分拘谨，从心理上像对待同性那样去对待与异性的交往，该说的说，该做的做，需要握手就握手，需要并肩就并肩。友谊本来就是感情的自然发展，不必有任何矫揉造作和忸怩作态。不应过分随便，男女生间交往过分拘谨固然令人生厌，但也不可过分随便，男女毕竟有别。有些话题只能在同性之间交谈，有些玩笑不宜在异性面前乱开。

心理疗法

在异性交往中，女子向男子主动地抛砖引其玉，男子会很热情地报以爽朗的谈锋。生活是在做圆周运动，可我们作为圆周运动上的一个分子，每天都在发展自己。青少年男女，要想与异性交往默契，的确需要融心理、社交、口才等知识技巧于一体的"综艺大观"。然而与刚认识的异性交往,那份羞怯、那份紧张、那份局促、那份失措,简直让人惶惶不可终日似的,连挤两句应酬话也生涩,平日的伶牙俐齿、妙语连珠也不知躲到哪里去了。与异性交往何苦这么如临大敌?既然我们的生活无法回避与异性交往,那么共同探讨一些与异性交往的妙术,也许能使我们面对千姿百态的异性仍能应付自如。

(1)选择生活中趣事作话题。在与异性谈话时恰到好处地选择那些生活中趣事作话题,既可以消除彼此之间的距离,更容易产生共鸣,增加亲切成分,比如选择一些比较轻松、校园生活的诗情画意等等。这些话题不但可以一下子就激起彼此的谈话兴趣,而且话题的外延广、内涵深,不至于大家刚唠了两句就没词了。

(2)抛砖引玉。在许多社交场合,我们常常发现,当男女被介绍相识后,大多数女孩,除了可爱的矜持之外,都练就有保持沉默的功夫,将这首先先开口讲话的"活儿"奉献给男孩子去做。一般情况下,这样的态度和这些礼仪是不大好的。女孩由于生理和心理的敏感、细腻、脆弱等特点,在交往的范围和接触点上都显得比较隐秘、谨慎,是不可随意横冲直撞的。

任何一位社会交经验不太丰富的男孩子往往就被这种情形难倒,话在嘴边口难开。而女孩子若主动与男孩子攀谈,那情形就迥然不同了。因为男孩子的生活环境一般比女孩子辽阔,加之男孩子多是粗放型,注定要接受人生的摔摔打打、磕磕碰碰,对于任何事情都不那么小家子气,因此向男孩子提出谈话的题材就比较随意广泛,除了人格和自尊之外,偶尔有什么"伤筋动骨"的不恭之话题或言词,作为一个现代男青少年,应该是洒脱地淡然一笑了之。所以在异性交往中,女孩子向男孩子主动抛砖以引其玉,男孩子会很热情地报以爽朗的谈锋。

(3)善用激将。在异性交往中,往往也会遇到一些不喜欢运用自己脑筋的女孩子。当男孩子首先向她说话时,她惜语如金似的仅用"是"

与"不是"作答,无论你如何发问,她总是简单作答。遇上有一定社会经验的异性,还会锲而不舍、耐着性子继续进攻下去,他相信,时间能慢慢地使陌生者变得亲切起来,甚至引出她最有兴趣的话题,逐步改变"话不投机"的局面。

(4)捕捉暗示和异性交谈。要比你和同性谈话加倍地留心才是。因为你对他(她)所知甚少,加之性别的缘故,彼此之间的话题就显得特别谨慎敏感,所以你不得不重视任何可以得到的线索和暗示。如果你够精明,你可以他(她)的声调、眼神、着眼以及他(她)与别人谈话的神情态度等细节捕捉某种暗示性的话题线索。

正确认识性教育

青春期是一个人由儿童至成年人的过渡时期，它不但是生理上生长发育的关键时期，而且是心理发展变化的关键时期，是逐步从幼稚走向成熟，从依赖走向独立，从家庭走向社会的转折点。一方面，它是人长身体、长知识、长能力的大好时机；另一方面，又是容易产生困惑、烦恼、潜伏危机的时期，特别是在性方面，会有许多矛盾和冲突。

有人说，"青春期是花团锦簇的沼泽地。"正是这样，如果在这个时期，生理上能够健康地生长发育，心理上能够正常而健康地发展，树立社会主义的良好的性文明和性道德，对人的一生将产生重大的作用。因此，对儿童、青少年进行青春期的性教育是很重要的，也是极为必要的。

首先，要认识到这是青少年的必修课，是社会的需要，他人的需要，更是自身的需要，既不是什么丑事、坏事，也不是什么可有、可无的事。其次，要用科学的观点严肃认真地对待，在读有关性知识方面的书时，要求孩子要认真区分哪些是科学的、进步的，有助于身心健康发育的书，哪些是无聊的、颓废的、色情的书。由于对外开放，西方文化大量涌进我国，其中不乏鱼目混珠的糟粕，所以，要警惕，不可染上黄色瘟疫。第三，理论要与实际相结合，要根据性发育的特点、规律，性道德的行为准则、正确的恋爱观来指导自己的生活和思想,科学地进行性心理调适,以保证性发育的顺利成熟。

最后,如果发现自己有这样或那样的问题,如手淫、月经不调、性欲过度旺盛、恋爱受挫、与异性交往障碍等,应坦诚认真地正确对待,主动地通过各种方式和渠道进行解决,如找朋友交谈思想、向长者求教、去医院检查治疗,也可向新闻出版部门写信咨询,千万不可自卑自弃,放任自流,或羞于启齿,默默忍受内心的痛苦,以免造成严重后果。

当青少年进入青春期的时候,不仅生理上发生了巨大的变化,而且他们的性心理也在逐步发展成熟起来。会产生性注意与性兴趣,即对异性的注意和兴趣;还会产生性情感,这种情感分为三层,第一个层次是同学式性情感;第二层次是异性间的友谊情感;第三个层次是异性间爱的情感;还会产生性思维、性渴望、性意志、性交往等。

当前儿童青少年中出现的对性知识的渴望,对异性的好感、爱慕及内心的躁动,产生对爱情的向往,憧憬和追求,这是一种健康、正常、特殊的情感体验。在很早以前世界著名的心理分析学家弗洛伊德就认为人有两种本能:即以食欲为基础的自我保存本能——自我本能和以性欲为基础的种族保存本能——性本能。

而青少年这种性本能的正常性情感是在第一层中的异性间的同学情,还可能发展为异性间的友谊情感。在性心理结构中,性思维控制着性情感的方向和强度,性思维的水平的高低对青少年恋爱和处理好与异性的关系有重要的影响。而性意志是自己对异性产生的行为的协调与控制,性意志强的人,能够按社会道德要求控制自己的性欲望,性意志薄弱的人,易受性冲动的支配,做出越轨的行为,因此培养青少年的性意志,可以提高青少年社会主义精神文明水平,预防性犯罪,所以说在青少年性意识觉醒的同时加强性教育,使他们学会控制自己的感情,提高性思维水平。

如果他们掌握得当,也可以和自己喜欢的异性同学接近、了解、交往

并成为好朋友。因为男、女同学各自有自己的优势，相互之间正常适度的交往会有许多好处，可以在学习上互助，情感上互慰，个性上互补，活动中互激，让自己个性得到全面发展。

处于青春期的学生虽然生理上趋于成熟了，而对社会的适应能力还比较差。性功能趋于成熟了，毕竟心理还很幼稚，他们缺乏自我调控的能力。由于受过去封建保守的性观念的影响，又缺乏科学的性知识，一些人会认为对异性产生好感，产生性萌动、性渴望是一件可耻的事情，把有关性生理知识看成是肮脏下流的事情，羞于了解和学习。

另外一种情况是受西方"性解放"思潮影响，用庸俗低级的态度，用色情的眼睛来了解性知识，这是错误的，是对性教育的亵渎。因此，儿童、青少年要根据自己的年龄及身体发育的不同阶段，知识的积累程度，对丰富的性知识进行循序渐进地了解，不要以猎奇之心，超前阅读适合成年人了解的知识和进行一些人生尝试，这样可能会使他们处于危险之中。

错误的性观念及其行为，盲目模仿成人行为，甚至是一些不健康的行为；为表示自己对友情或爱情的忠诚，屈服于同伴的压力，接受不健康的建议（如吸烟、酗酒、发生性行为）；为表示自己是一个独立的人，追求刺激和冒险（如看黄色录像、书刊、吸毒等），这些行为可能造成不良结果，如少女怀孕、感染某些疾病（性传播疾病和艾滋病）等。

这些后果往往又使他们陷入自责和担忧之中，并会带来巨大的家庭、社会压力，严重影响儿童、青少年学生的健康成长。因此要对儿童、青少年进行性教育，使他们学会自控，洁身自爱，提高男女之间的纯洁性，能把握友谊的分寸，克服青春期的迷茫和焦虑，使青春期的女孩有少女的荣誉感和女性的自尊感，自爱、自珍、自重。男孩子知道对女孩的尊重，并有了男性的责任感。

正确认识和对自己的生理变化和心理变化，用健康的方式寻求性知识（如与信得过的成人讨论，阅读适合自己年龄的有关书籍，参与心理咨询等)。自觉用中学生守则和社会道德观念约束自己,多参加集体活动和文体活动;克制性冲动,延迟两性交往时间;树立长远目标,不以一时轻率付出一生的幸福。

心理疗法

(1)父母应改变保守的狭隘的传统的性观念,以正确的态度对待变迁中的思想,给予青少年帮助和教育。

(2)儿童、青少年自身应增强隔热休养,学会自理、自评及自控,不能让不健康的因素侵入自己的头脑,掌握好自己人生的舵。

(3)学校应将性知识的有关内容渗透进各类课程当中,要以性生理与性心理作为基础、性道德与性法律作为重点,并开展经常性的心理咨询,另一方面要使性教育体系化,从纵向上,由浅入深、分层次地进行。

(4)儿童、青少年的家庭应树立健康的性观念和知识,不能以可有可无的态度对待性教育。家庭是人类社会发展的基本单位,是孩子学习知识的第一所学校,父母是孩子的第一任老师,有责任把培养孩子的性价值观作为他们成长过程中的一部分。

如何看待青春期

青春期即常称谓的"青少年"时期。社会上通常认为"青少年不再是小儿,但也尚未成为十足的成人"。青春发育的核心是性的发育,但广义的概念不仅限于性的发育,更有生理、心理诸多方面的种种变化,包括对社会的适应能力。人类社会中由童年向成年过渡,不仅要求身体发育成熟,而且要求掌握知识技能,担负社会的有关责任。因而对青春期的含义应看做是既为个体及自然发展过程,也是社会化过程,其生物性成熟、心理发展和社会化过程是融于一体而相互影响的。

青少年心理特征地变化随着身体地变化和性成熟的过程,逐渐发生重大的变化。

身心发展快速而不平衡。在青春期到来时,青少年在躯体和心理方面呈现快速的发展。表现为身体急剧的生长和变化。肌肉、骨骼等组织全面地急剧成长,生殖系统的成熟,第二性征逐渐显露。随着身体的发育,青少年必须适应发展中的新自我,同时还必须适应别人对于他的新形象所表现出的反应。然而,由于身心方面的成长不一定能平衡发展。因此会产生不稳定的现象,在"幼稚"与"成熟"的尺度上会有大幅度的徘徊。

道德意识和价值观念的发展。青少年早期的价值和道德标准主要来自父母，我们的自尊感基本上来自父母对他们的看法。当进入中学这个较广阔的世界以后，同伴群体的价值观，以及老师和成年人的评价日益重要。我们对原先的道德标准及自己的价值和能力都要做重新的评价，并试图把这些价值和评价综合起来形成一个稳定的体系。

实现自我的统一。青少年随着身体的变化和性成熟的过程，逐渐产生一些新的体验，也感到周围人对他们的新的反应。我们将力求发现自己现在的真实情况以及将来自己会变成什么样子。伙伴的来往、新的社会关系的产生，也使我们扩大了自我活动、自我探索的空间。我们也要弄清世界是什么样子、社会又是什么样子等问题。在这种不断认识和探索中，使理想的我逐步接近现实的我，使自我意识达到积极的统一。

独立意识的增强，随着年龄的增长，青少年与社会的交往越来越广泛。我们渴望独立的愿望日益变得强烈，与家庭的联系逐渐疏远，对父母的权威产生怀疑，甚至发生反抗行为。我们要摆脱家长和其他成人的监护，摆脱由这些成年人规定的各种形式的束缚。由于价值标准受到同辈和社会的影响逐渐大于来自父母的影响，因此，当与父母发生冲突时，往往会出现"摆脱家庭束缚"的倾向。

青少年对认知的改变，青春期的思维更加完善了，进入抽象思维阶段，即已懂得试验、假说、推论这类形式化的思考，运用理论来推想因果关系，开始懂得处理复杂的信息或资料。我们学会自我批评，各个方面以成年人的标准要求自己，有能力听取他人意见，处理问题时能考虑更多的可能性，思维活动的数量和质量都有很大提高。

心理疗法

（1）养成良好的生活学习习惯，良好的生活习惯，对心理健康有着重要影响。紧张而有节奏的生活活动，对人的身心健康有极大的益处。

因为在学习中每当取得一个进步,都会产生良好的反馈作用,使人感到满意和愉快,进而渴求获得知识,对学习产生兴趣。

(2)学会调整和控制自己的情绪活动,建立健康的情绪生活。因为只有在正常的、适当的情绪状态下,认得情感知觉活动、注意和记忆活动,特别是热的智慧和创造力才能得以充分的发挥。

(3)进行正常的人际交往。正常的人际交往和良好的人际关系,可以排除青春期心理的闭锁性而引起的孤独,抑郁情绪的干扰,有利于青少年的身心健康发展。

(4)青少年要积极参加文娱、集体活动。一方面,可以使身体健康发展,另一方面,可以启发想象力和创造力,促进人的智力发展,还可以培养勇敢、坚毅、乐观和集体主义精神。

(5)青少年要有远大的理想和良好的品德。生活中具有长远的目标和追求,才能保持乐观,积极向上的精神状态,才能珍惜生活、热爱生活。

第九章
是的，青少年可以改变自己

鼓舞并依靠你自己

如果你长期地向他人寻求安全感，依赖他人来让自己感觉到有价值，并寄希望于他人对自己的爱好来使自己感到值得被喜爱，我们则拱手让出了肩负掌握自己生活质量的责任。这使得我们过度依赖，对各方面来说都是不利的。健康的人际关系确实是存在着相互依赖的成分，但是，青少年必须摆脱那些有害于我们自尊和幸福的依赖性，以免患依赖性人格障碍的疾病。

你是依靠自己得到赞赏、鼓励和认可的呢？还是习惯性的东张西望寻找外界因素并依赖他人给你提供这些东西呢？当然，有时候寻求他人的确是很自然的，也是很聪明的。但是，你必须成为自己最坚定的支持者。你内心需要一个"忠实朋友"，希望这位"忠实朋友"无论在什么情况下都能给你以鼓励和支持。

依赖型人格障碍是日常生活中较为常见的人格障碍，依赖型人格对亲近与归属有过分的渴求。这种渴求是强迫的、盲目的、非理性的，与真实的情感无关。依赖型人格的青少年宁愿放弃自己的个人兴趣、人生观，只要他能找到一座靠山，时刻得到别人对他的温情就心满意足了。依赖型人格的这种处世方式使得他越来越懒惰、脆弱，缺乏自主性和创造性。由于处处委曲求全，依赖型人格障碍患者会产生越来越多的压抑感，这种**压抑**感会使他渐渐放弃自己的追求和爱好。

心理学家霍妮在分析依赖型人格时，指出这种类型的人有几个特点：

1. 深感自己软弱无助，有一种"我真可怜"的感觉。当要自己拿主意时，便感到一筹莫展，像一只迷失了港湾的小船，又像失去了父母的小姑娘。

2. 理所当然地认为别人比自己优秀，比自己有吸引力，比自己能干。

3. 无意识地倾向于以别人的看法来评价自己。

依赖型人格源于人类发展的早期。幼年时期儿童离开父母就不能生存，在儿童印象中保护他、养育他、满足他一切需要的父母是万能的。他必须依赖他们，总怕失去了这个保护神。这时如果父母过分溺爱，鼓励孩子依赖父母，不让他们有长大和自立的机会，以致久而久之，在子女的心目中就会逐渐产生对父母或权威的依赖心理，成年以后依然不能自主。缺乏自信心，总是依靠他人来做决定，终身不能负担起选择采纳各项任务，形成依赖型人格。

心理疗法

（1）重建自信法。如果只简单地去除了依赖的习惯，而不从根本上找原因，那么依赖行为还有可能复发。重建自信法便是从根本上加以矫正，治疗依赖型人格障碍。

第一步，消除童年的不良印迹。依赖型的人缺乏自信，自我意识十分低下，这与童年期的不良教育在心中留下的自卑痕迹有关。你可以回忆童年时父母、长辈、朋友对自己说过的具有不良影响的话，例如："你真笨，什么也不会做。""瞧你笨手笨脚的，让我来帮你做"等。你把这些话语仔细整理出来，然后一条一条加以认知重构，并将这些话语转告

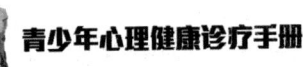

给你的朋友、亲人，让他们在你试着干一些事情时，不要用这些话语来指责你，而要热情地鼓励、帮助你。

第二步，重建勇气。你可以选做一些略带冒险性的事，每周做一项如：独自一人到附近的风景点做短途旅行；独自一人去参加一项活动或一周规定一天"自主日"，这一日不论什么事情，决不依赖他人，这样做可以增加你的勇气，改变你事事依赖他人的弱点。

（2）习惯纠正法。依赖型人格的依赖行为已成为一种习惯，必须首先去除这种不良习惯。清查一下自己的行为中哪些是习惯性地依赖别人去做，哪些是自己做决定的。你可以每天做记录，连记一个星期，然后将这些事件按自主意识强、中等、较差分为三等，每周一小结。

（3）融进大自然。轻轻地闭上你的眼睛，尽可能地让自己变得舒服起来。想象自己置身于一个美丽、静谧和安宁的地方。慢慢地，你就会融进这块奇特之地的氛围中。

依赖行为并不是轻易就可以消除的，一旦形成这种习惯，你会发现要自己决定每件事很难，可能你会在不知不觉中回到老路上去。为防止这种现象的发生，简单的方法就是找一个监督者，最好是找自己最信赖的个人。

随着我们学会对自己固有的能力充满信心，并接受它成为提高自我所不可缺少的一部分，我们就能够摆脱过度依赖他人，从而为彼此间的相互依赖腾出空间。

集中精神去做每一件事

当你只专注于做一件事的时候,你会发现取得的效果要比同时做两件事要好。只有在集中精力的时候你才能真正地学得到东西。集中精力具有强大的威力。而心理学的书中也得到这样的结论:专心致志可以忘掉自我,忘掉疲劳,增加时间的持续性,提高效率。

青少年往往很难做到集中精神去做一件事,他们好动,注意力不集中。要想集中精神去做好一件事,就要做好适当的准备。

第一,给自己创造更多的机会。给自己创造机会就是希望自己能够专心致志地干好一件事情。专心致志就是自我控制,是内在的东西。学会自我控制是对自我的一个很大的提升。有了自我控制,做任何一件事都将会感到如鱼得水那样顺利。

第二,聚精会神是一种技巧。有些人说他(她)总是不能集中精力在一件事情上,因为他(她)会不停地想着别的事。这是他们自己在欺骗自己,他们心安理得地接受了"我没有能力去集中精力"的观点,他们没有信心去尝试集中精力。有心理学家建议用学杂耍的方法来锻炼聚精会神。学杂耍的意义就在于要勇于做尝试,并且坚持,总有一天会学会杂耍。

第三,做好自身和生活环境的准备。青少年总会受到干扰,因此总爱走神。应该创造一个利于集中精力的环境，比如要有一个宜人但不过于舒适的环境，温度应该介于华氏68度到78度之间，不听音乐，不去听别人的谈话，关上门，把容易使人分心的物品移到视线以外，把与学习有关地放到视线内，等等。这些都是一些具体的方法。

第四，一心一意，把全部精力集中在一件事情上。就像照相机对焦一样，只集中于一个焦点。一次只做一样，直到干好为止。不急功近利，做了一样就是一样。三心二意可能会导致捡了芝麻丢了西瓜。

第五，做好起跑的准备。在开始做某件事的时候深呼吸一口气，可以让自己意识到即将进入到集中精力的状态，大脑会向每一个细胞发出这个信息，身体的每个部分都会主动地配合。因此，有些人在集中精力的时候不觉得累，放松之后才发现颈或腿非常酸痛。同时，每经过30～40分钟最好休息一次。

第六，如果发现走神，则要尽快收回。集中精力的时候不要看远处，远处的东西容易分神。不要想到什么就做什么，这一点是最普遍的现象，有些青少年会觉得不完成它的话就会浑身不舒服。休息也有方法，单独休息更能保持思绪持续，多人一起休息可能会将思绪拉得更远。

第七，找出自己最佳的学习时间。人的情绪和持续力会随时间降低，而最佳的学习时间，即人的黄金时间，更容易集中精力，持续的时间更久。

最后，需要实践。实践才能进步。练多了才会习惯。

亚里士多德说过："优秀不是一个行为，而是一种习惯。"很多成功人士认为他们并不是最聪明的人。我原来认为他们是在谦虚。自从看到了亚里士多德的这句话后，我突然意识到习惯的重要性。有规律的生活比聪明对人的推动力更强，持续力更久。

心理疗法

集中精神的最大障碍在于缺乏动机。一个人倘若对功课既无兴趣，也无法找出任何意义，这时要集中注意力是不可能的。怎样才能对于乍看之下不感兴趣的工作或功课集中起注意力呢？

（1）利用目标明确化来使注意力集中。首先，将大目标明确化。对学习不感兴趣时，只要能够明辨目标便能产生注意力。其次，把目标亲自用文字或图表来表示即能提高注意力。

（2）应用期限效果集中注意力。首先，只需设定一个期限，就能集中精神完成不感兴趣的学习。其次，对讨厌的事情制订计划只需考虑终了时间，终了时间一到，就会强迫你去完成它。最后，设置几个中间站，每个中间站之前注意力最佳。在学习过程中，设置几个中途终点，则会防止中间松懈现象。

（3）应用报酬效果集中注意力。首先，可以给自己定个奖赏，作为学习的报酬，这个报酬，可以依自己的需要和兴趣订立，其次，遇到困难的事情可用假想敌人和处罚来激励自己。

（4）善于用心理因素集中注意力。首先，把没处理的杂事，记在备忘录上，则心理上就会感到轻松。其次，暂时抛开人际关系可提高注意力。要想高效率地完成工作、学习，必须有属于自己的时间，而不要单纯只为别人活着。再次，摒弃依赖心理，方能全力以赴。自己能够独立做的事，一定要自己去做，如果你在做某件事时，总想着一定会有人来帮忙的话，则就不会尽全力去完成它，也就不会有效率可言。

（5）应用愉快经验集中注意力。我们如果在学习中体验到成功的滋味后，便可拥有愉快的经验，这种愉快的经验会鼓舞我们的斗志，从而接受不愿意做的学习和烦恼的事情。

（6）以形象控制来集中注意力。时常想着自己学习时的形象，相信自己学习时的形象能加强注意力。

（7）多种动作协调起来以集中注意力。在学习时，手、眼、口全部动起来，则易于抑制疲劳，提高学习效率，增进记忆能力。

（8）利用代换效果集中注意力。首先，以其他事情来缓解精神。无法集中精神时，可以先做一些简单的事情，借此来消除杂念，稳定情绪，从而集中注意力。其次，在学习前，去做好各种准备，做好准备工作，可以缓和心情、排除杂念，帮助你集中精神。最后，先做喜欢的事情并彻底做完，则对讨厌的事情也就容易集中精神。

让自信发挥作用

自卑，就是自己轻视自己，看不起自己。自卑心理严重的青少年，并不一定就是他本人具有某种缺陷或者短处，而是不能容纳自己，自惭形秽，常常把自己放在一个低人一等，不被自己喜欢，进而演绎成别人看不起的位置，并由此陷入不能自拔的境地。

自卑的青少年往往心情低沉，郁郁寡欢，常因为害怕别人瞧不起自己而不愿意与别人来往，只想和人疏远，缺少朋友，甚至内疚、自责、自罪；他们做事缺乏信心，没有自信，优柔寡断，毫无竞争意识，享受不到成功的喜悦和欢乐，因而感到疲劳，心灰意懒。

著名的奥地利心理学家阿德勒认为：人类都有自卑感，以及对自卑感的克服与超越。小的时候，看到别人长大而自卑；长大后，发现别人比自己有能力而自卑；有能力的时候，看到别人比自己更富年轻力壮也自卑。这样看来，自卑其实是不可怕的，从某种程度上讲，自卑也是推动一个人不断自我完善的动力。但是，如果你已经认识到自己的自卑，而不愿意去进行自我突破的话，那么自卑对你来讲就是非常有害的。

青少年为什么会产生自卑心理呢？一般来说，自卑感的产生与主客观因素及和自我评价因素有着密切的关系，表现在三个方面：

1．自傲逼人。即人们常说的过分的自卑以过分的自尊表现出来，尤其当屈从的方式不能减轻其自卑之苦时，就采用好斗方式。有自卑感的青少年比任何人更注意到不让自己被别人发现其内心的真实想法，因此当他认为别人可能会发现时，便采用这种好斗的方式阻止别人的了解。人们常发现这样的青少年动辄就会为一件微不足道的事寻找借口衅事。其实，这种矫枉过正的做法，反而暴露出自己真实的内心世界。

2．跟随大流。丧失信心的青少年，常对自己的决定缺乏自信，便随大流以求与他人保持一致，去应验一句"人随大流不挨罚，羊随大群不挨打"的古训。害怕表明自己的观点，努力寻找他人的认可。我们发现对自卑的青少年来说的一个"规律"：他们在做了某一件事之前就想：别人是不是这样的看法？我这样做会让人笑吗？会不会被认为是出风头？在做了事之后，又想：不知会不会得罪人？如果刚才不那么做就会更好，等等。总而言之，求同心理极强。

3．胆怯封闭。一些青少年由于深感自己不如别人，在与人交往时，于是就把自己封闭起来，不参与竞争，不干有风险的事，坚信"安全第一"。越是封闭自己，就越是对自己没有自信，造成不良循环。事实上，我们发现自卑的青少年很少会主动与人交往，在一些有激烈竞争的活动中更难觅踪影。

另外，自卑者都有一些共同的典型心理：

（1）意志消沉。自卑者的意志是消沉的，他们心情沉重的原因之一是"背负情感包袱"。他们像负重的牲畜一样，把没有解决的老问题、老矛盾背在身上，天天翻来覆去地念叨那些烦恼的事情。

（2）多疑，对别人和自己的信心都不足。

（3）消极地看待问题，凡事总往坏处想。自卑者最难忘怀的便是失望与厄运。他们整天想着消极的事情。

（4）总是自怨自艾与自责。

（5）不愿意改变，不愿意尝试新鲜事物。在现代社会变化剧烈而竞争残酷的状况下，任何人都会不断地遭到自卑感的冲击，尤其是当以往在许多方面逊于自己的人、如今却优越地站在你面前的时候，你的心理会严重地失衡，那种自卑感更是难以忍受。

（6）高兴不起来。如果你对于生活前景的看法是消极的，你就不可能快乐。对于情绪消极的自卑者来说，几乎根本没有过欢笑愉快的经历。他们把现实可能享受的欢乐也失去了，因为他们还在回味昨日不愉快的经历，沉溺于痛苦之中。

（7）老是想着扫兴的事情，一旦看到别人热情地去做某件事，会觉得不可思议。

可是自卑并不是错。著名的奥地利心理学家阿德勒认为，自卑感并非什么坏的情感，或是变态的征兆。相反，它是每个人在追求更加优越的地位和完美的人生过程中必然要出现的心理反应。关键在于如何对待这种自卑，是像孩子那样利用自卑做借口逃避现实，事事依赖他人，还是勇敢地克服和超越自卑，走向成功的人生？

每个人都会有自卑感，但不同的人可能有不同的选择——第一种人自惭形秽，被自卑所压倒，在消沉中萎靡不振，在忧郁的情绪中越陷越深而不能自拔，形成恶性的"自卑情结"。

第二种人由于刺激产生了相当强烈的反抗心理，急于改变自卑的地位，不顾他人的利益，极端的自私，形成专注于自我的狂热的"优越情结"。这是和极端的自卑者完全相反的人格类型，由于他缺乏社会责任感和合作精神，同时过分妨碍他人，往往也遭到失败的结局。

第三种人是上述两者的中间型，他既正视自己的自卑，注重克服和超越，更清楚人是社会的动物，人与人之间既有冲突，也有合作，而自我的成功就需要在合作中达成，需要兼顾他人的利益。这是一种理性的健康的优越人格。看看当今的社会，这样的人才会如鱼得水，无往不胜。因此对于一个自卑的青少年，如何调适自卑心理对于人生有着重要的意义。

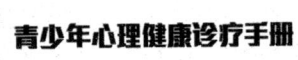
心理疗法

1.勇敢地战胜自卑。战胜自卑，首先要承认，自卑情绪人皆有之。实质上，一个人并非在每个方面都能出类拔萃，因为天外有天，人外有人。所以，在某些时候的某些方面有不如意的感觉，出现自卑也是正常的，大可不必以此为耻而自暴自弃，更犯不着用狂妄自大、目中无人去掩饰，那只是自欺欺人。

（1）战胜自卑就要正确地认识自我。尺有所短，寸有所长。每个人都有自己的短处，也都有自己的长处。如果我们以己之长去比别人之短，就能发掘出自信，可以在客观地认识短处和劣势的基础上，找出自己的长处与优势。可以将自己最满意的事情、最引以为荣的优点和令人瞩目的成绩，炫耀于心中的"荣耀室"，从而反复地刺激和暗示自己"我还可以"、"我能行"。美国著名心理学家麦克斯威尔说："人的所有行为、感情和举止，甚至才能，与其自我意向是一致的。"如果能将"我还可以"、"我能行"的心理暗示，不断地渗透到自己人生的各个方面，便能撞击出生命的火花，就能培养出阿基米德"给我一个支点，我将移动地球"的那份自信。

（2）要正确地表现。心理学家建议：有自卑心理的青少年，不妨多做一些力所能及、把握较大的事情，这些事情即使很"小"，也不要放弃争取成功的机会。任何成功都能增强自己的自信，任何大的成功都蕴积于小的成功之中。换言之，要通过在小的成功中表现自己，确立自信心，循序渐进地克服自卑心理。

（3）设法正确地补偿自己。盲人尤聪，聋者尤明，这是生理上的补偿，人的心理也同样具有补偿能力。为了克服自卑心理，可以采用两种积极的补偿：其一是勤能补拙，知道自己某些方面有缺陷，不背思想包袱，以最大的决心和最顽强的毅力去克服这些缺陷，这是积极的、有效的补偿。华罗庚说："勤能补拙是良训，一分辛苦一分才。"其二扬长避短，"失之东隅，收之桑榆。"我们读达尔文、济慈、歌德、拜伦、培根、亚里士多德的传记，就不难明白，他们的优秀品质和一生的辉煌成就，从某种意义上来说，都促成于人的缺陷，缺陷不是绝对不能改变的，关键是自己愿不愿意改变，只要下定决心，讲究科学方法，因势利导，就会使自己摆脱自卑，逐渐成熟起来。

（4）要正确地评价自己。人贵有自知之明。所谓"自知之明"，不仅表现在能如实地看到自己的短处，也能恰如其分地看到自己的长处，切不可因自己的某些不如别人之处而看不到自己的如人之处和过人之处，这才是正确的与人比较。马克思曾说过，伟人之所以高不可攀，是因为你自己跪着。

2. 从自卑中超越自我。一个人由于缺乏成功的经验，缺乏客观的期望和评价，消极的自我暗示又抑制了自信心，加上生理或心理上的缺陷、恶劣的生活境遇等等原因导致了自卑心理的产生。这种心理常表现为抑郁、悲观、孤僻。如果任其发展，便会成为人的性格的一部分，难以改变，严重影响人的社会交往，抑制人的能力发展。那么如何来克服自卑心理呢？

（1）要有意识地选择与那些性格开朗、乐观、热情、善良、尊重和关心别人的人进行交往。在交往过程中，你的注意力会被他人所吸引，会感受到他人的喜怒哀乐，跳出个人心理活动的小圈子，心情也会变得开朗起来，同时在交往中，能多方位地认识他人和自己，通过有意识的比较，可以正确认识自己，调整自我评价，提高自信心。

（2）增加成功经验。一个人成功经验越多，他的期望也就越高，自信心也就越强。可见，通过一次又一次微小的成功，可以使自信心得到

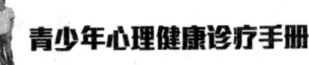

增强和升华。对于自卑的青少年来说，重要的是建立起符合自身实际情况的"抱负水平"，增加成功的经验。这可以由小由少做起，确保首次努力的成功，形成良性循环。如果已遇到困境，感到自卑时，则可改做一件比较容易成功，或者自己愿意并有兴趣的事情，以便增强信心，免除自卑。

（3）多向名人学习。多读些有关名人成功的书籍，尤其是那些曾被自卑感困扰的名人的事迹，从中获得克服困难的经验，进而鼓励自己自强自信，发挥所长，集中精力，矢志不渝地达到目标。这样，自卑心理也会不驱而散。

（4）学会深层冥想法。日本精神疗法研究所所长小林英夫认为，此法能充分运用潜能抑制自卑感。方法是：配合腹式呼吸，集中想想自己的长处，例如想想小学时期那些令人高兴的事，想想别人的赞美，就拥有越多的自信，不要羞于承认自己的长处，以零为基点，不断去增添它。

第九章
是的,青少年可以改变自己

让宽容来融化报复心理

所谓报复心理,是指当人们受到强烈破坏性刺激后,产生的某种与对方行为相对抗的"以牙还牙"的反应性心理。

报复心理是在社会交往中欲以攻击方式对那些曾给自己带来挫折、不愉快的人发泄怨恨、不满的一种情绪。在儿童、青少年当中,这种情绪潜藏着极大的危险性。

产生报复心理有多种原因。

第一与家庭的抚养方式有关。有的父母对孩子过于严厉和粗暴,孩子就会在心里积压下报复情绪,即使成年后,只要稍稍受到不公正待遇,就会产生不可遏制的愤恨并实施报复。

第二与青少年的压力太大有关。如今的青少年压力非常大,精神长期处于紧张状态,即便没人动他,他也会随时会爆发,如果有人恰好惹了他一下,他当然是一触即发,马上报复。

第三与对父母的管理方式有关。目前,父母的管理方式存在很大的弊端,使孩子的注意力过于集中在某些细小的事情上,导致培养出来的孩子都是斤斤计较的人,谁要是做了对自己不利的事情,他必然记仇,并想方设法去报复。

第四与青少年的个性有关。有些青少年过于以自我为中心，当有人与自己的行为相冲突时，他首先想到的便是对方有意跟自己过不去，于是立即想出报复的方法。在报复的同时，他照样认为自己这样做非常正确，对方是"罪有应得"。

第五与影视、文化有关。青少年的许多报复行为是从社会环境中习得的，其中电影、电视对青少年的影响之大常出乎人们的估计，与之相似的报刊也很泛滥，使青少年深受其害。

报复心理是有某种积极意义的。它可以变成个人或群体进步的动力，促使自己由弱小变得强大。但无论如何，报复心理是具有破坏性的，是一种不健康的心理，是心胸狭隘、道德修养差的表现。报复心理不仅会对报复对象造成这样或那样的"伤害"，而且有害青少年自己的心理健康。有报复心理的青少年，容易误解别人的意思，对别人怀有一种戒备和防范心理，很难与人相处。有时报复了别人，自己的良心也会不安，甚至自责自愆。报复心强的青少年自我意识卑劣、行为极端、瞧不起别人，也不愿与人相交，因此没有良好的人际关系。

其实，报复心理是自卑心理的极端表现。有报复心理的青少年为了维持心理平衡，在无法从行动上去实现某种欲望时，便从心理上自我发泄，诅咒社会对自己不公平，对比自己地位高的或曾经给自己带来不幸的人，怀着一种惩治的心理，有时甚至采取诽谤、侮辱、侵犯人权、违法乱纪等不正当手段。严重情况下，还会产生愤世嫉俗、玩世不恭，对社会都深怀敌意。那么，如何才能克服严重的报复心理呢？

心理疗法

（1）学会宽容、感动与关爱。世界上没有完美的东西，有阳光就会有阴影，要学会用辩证的眼光看待这个世界。不要仇视他人，试着去发现优点，试着从小事里学会感动，你会发现别人没有想象的那么可恶，社会也没有你想象的那么昏暗。学会关爱他人的同时，你必然会收到爱的回报；学会宽容他人，你也善待了自己。你的心就像一个容器，当周围充满爱的时候，哪里会有怨恨的容身之地呢？

（2）认识报复心理和行为的危害性。在实施报复后，在短暂的快意之后，到头来是"众叛亲离"，还要整天担心遭到报复；被报复者，虽然得到了大家的同情和帮助，但所受的伤害始终是一个心理阴影。所以说，报复行为的最终结果只能是两败俱伤，没有胜利者。报复心理是要不得的，它会让你的内心越来越狭隘，身心疲惫。

（3）学会换位思考。在人际交往中，不可能没有利害冲突。对此要有心理准备，不能回避，也不能"以暴抑暴"。遭受挫折或不愉快时，不妨进行一下心理换位，将自己置身于对方的境遇之中，想想自己会怎么办。只有设身处地，以心换心，才能真正理解他人，从而，摒弃报复心理。

（4）父母以身作则。不少父母在日常生活中遇到令自己不满意的事，经常采用报复手段来处理问题，会对青少年产生消极的影响，觉得大人们都如此，自己当然也可以这样干。因而，父母必须在青少年面前树好榜样，做到心胸开阔，气度大些，让青少年感到报复不是君子所为。

（5）营造宽松的环境。父母要营造一种比较宽松的环境，不要让青少年过得那么压抑，即便遇到不开心的事，也有人可以倾诉。这样青少年就不会把报复情绪积在心里。

让虚荣不再得到爱慕

在现实生活中很多人都具有虚荣心，虚荣心理是指一个人借用外在的、表面的或他人的荣光来弥补自己内在的、实质的不足，以赢得别人和社会的注意与尊重。它是一种很复杂的心理现象。法国哲学家柏格森曾经这样说过："虚荣心很难说是一种恶行，然而一切恶行都围绕虚荣心而生，都不过是满足虚荣心的手段。"

虚荣心强的人喜欢在别人面前炫耀自己的荣耀经历，他们或夸夸其谈，肆意吹嘘，或哗众取宠，故弄玄虚，自己办不到的事偏说能办到，自己不懂的事偏要装懂，一切为了提高自己。虚荣心强的人喜欢炫耀有名有地位的亲朋好友，希望借助他人的荣光来弥补自己的不足，而对于那些无名无分、地位"卑微"的亲朋则避而不谈，甚至唯恐避之而不及。

青少年虚荣心理的产生及其强弱与个体心理品质、思想修养有着直接的关系。除此之外，还受个体所处的生活环境及社会文化传统的影响。

自尊心过强的青少年容易产生虚荣心理。每个青少年都有维护自尊的需要，每个青少年都喜欢听恭维、赞扬的话，这在一定程度上是青少年的本性的显现。如果一个青少年的自尊心过于强烈,渴望获得别人对自己的重视、尊重和赞扬,而自身又缺乏过人之处,不具备足以令人称道的实力,就不得不寻求其他手段,如借用外在的、表面的,甚至是他人的荣光来弥补或替代自己实力的不足,以此满足自尊的需要。在此过程中,虚荣心理的产生在所难免。

私心过重的青少年容易产生虚荣心理。私心过重的青少年会时刻考虑个人的利益得失,总希望自己时时处处胜过别人、超过别人。为了达到这一目的,常常煞费苦心地营造或借用本来不属于自己的、虚假的荣誉来掩饰个人的缺陷和不足,以提高自己,显示自己的"过人之处"。

缺乏自信的青少年容易产生虚荣心理。虚荣心理的产生往往是那些缺乏自信、自卑感强烈的青少年进行自我心理调适的一种结果。某些缺乏自信、自卑感较强的人,为了缓解或摆脱内心存在的自惭形秽的焦虑和压力,试图采用各种自我心理调适方式,其中包括借用外在的、表面的荣耀来弥补内在的不足,以缩小自己与别人的差距,进而赢得别人对自己的重视和尊敬,虚荣心便由此而生。

处于特定社会文化环境中易产生虚荣心理。在人际交往中注意"脸"和"面子",是青少年长期形成的一种社会心理。所谓"脸",是一个人为了自我完善而通过形象整饰和角色扮演在他人心目中形成的特定形象;所谓"面子",则是一个人在社会人际关系中依据对"脸"的自我评价,估价自己在别人心目中所应有或占有的地位。所以,"脸"和"面子"代表着人的荣誉和尊严。一个人要想有脸面,必须先成就大事,通过他的不平凡的作为而获得人们的赞同,形象才会随之高大起来。

因此,从某种意义上讲,中国社会人际交往中注重"脸"与"面子"的文化传统在一定程度上刺激和强化了青少年虚荣心理的产生。

所谓虚荣心,从心理学角度来说是一种追求虚荣的性格缺陷,是一种被扭曲了的自尊心。在社会生活中，每个人都有自尊心，都希望得到社会的承认，但虚荣心强不是通过实实在在的努力，而是利用撒谎、投机等不正当手段去渔猎名誉。

青少年虚荣心的产生跟自尊心有很大的关系。自尊心强的青少年，对自己的声誉、威望等比较关心；自尊心弱的青少年，一般对这些都不在意，但也不能因此就认为，虚荣心强的青少年一般自尊心强。因为自尊心同虚荣心既有联系，更有区别，实际上虚荣心是一种扭曲了的自尊心。人是需要荣誉的，也该以拥有荣誉而自豪的。可是真正的荣誉，应该是真实的，而不是虚假的，应该是经过自己努力获得的，而不是投机取巧取得的。面对荣誉，应该是谦逊谨慎，不断进取，而不是沾沾自喜，忘乎所以，可见，当青少年对自尊心缺乏正确的认识时，才会让虚荣心缠身。

消除虚荣心要实事求是，考虑具体条件，不要追求虚假的声誉，也就是我们平时所说的"打肿脸充胖子"。有人把虚荣心的表现分为13个方面：（1）表面热情，内心冷淡，讨好别人。（2）对批评耿耿于怀。（3）喜欢谈论有名气的亲戚朋友或以与同名人交往为荣。（4）热衷于时髦服装，对西方的流行货倾倒。（5）行事购物喜摆阔。（6）找对象过分追求长相门第。（7）婚礼讲排场、摆阔气。（8）讲面子，面子第一。（9）好表现自己，尤其想在大庭广众面前露一手。（10）好掩盖自己。（11）对表扬沾沾自喜。（12）不懂装懂，海阔天空。（13）热衷于追求一鸣惊人的成果。

虚荣心理，其危害是显而易见的。其一是妨碍道德品质的优化，不自觉地会有自私、虚伪、欺骗等不良行为表现。其二是盲目自满、故步自封，缺乏自知之明，阻碍进步成长。其三是导致情感的畸变。由于虚荣给青少年的沉重的心理负担，需求多且高，自身条件和现实生活都不可能使虚荣心得到满足。因此，怨天尤人，愤懑压抑等负性情感逐渐滋生、积累，最终导致情感的畸变和人格的变态。严重的虚荣心不仅会影响学习、进步和人际关系，而且对人的心理、生理的正常发育，都会造成极大的危害。所以，我们要努力克服虚荣心理。

心理方法

（1）端正自己的人生观与价值观。自我价值的实现不能脱离社会现实的需要，必须把对自身价值的认识建立在社会责任感上，正确理解人格自尊的真实意义。

（2）改变认知，认识到虚荣心带来的危害。如果虚荣心强，在思想上会不自觉地渗入自私、虚伪、欺诈等因素，这与谦虚谨慎、光明磊落、不图虚名等美德是格格不入的。虚荣的人外强中干，不敢袒露自己的心扉，给自己带来沉重的心理负担。虚荣在现实中只能满足一时，长期的虚荣会导致非健康情感因素的滋生。

（3）调整自己的心理需要。需要是生理的和社会的要求在人脑中的反映，是青少年活动的基本动力。青少年有对饮食、休息、睡眠、性等维持有机体和延续种族相关的生理需要，有对交往、劳动、道德、美、认识等的社会需要，有对空气、水、服装、书籍等的物质需要；有对认识、创造、交际的精神需要。青少年就是在不断满足需要中度过的。在某种时期或某种条件下，有些需要是合理的，有些需要是不合理的。要学会知足常乐，多思所得，以实现自我的心理平衡。

（4）摆脱从众的心理困境。从众行为既有积极的一面，也有消极的另一面。对社会上的一种良好时尚，就要大力宣传，使青少年感到有一种无形的压力，从而发生从众所为。如果社会上的一些歪风邪气、不正之风任其泛滥，也会造成一种压力，使一些意志薄弱者随波逐流。虚荣心理可以说正是从众行为的消极作用所带来的恶化和扩展。例如，社会上流行吃喝讲排场。住房讲宽敞，玩乐讲高档。在生活方式上落伍的人为免遭他人讥讽，便不顾自己客观实际，盲目跟风设计，打肿脸充胖子，弄得劳民伤财，负债累累，这完全是一种自欺欺人的做法。所以我们要有清醒的头脑，面对现实，实事求是，从自己的实际出发去处理问题，摆脱从众心理的负面效应。

本来无一物，何处惹尘埃

爱清洁，本是一种良好的品格，因此名人们有"清洁仅次于圣洁"之说。但是，爱清洁爱得太过分，就是一种心理疾患了。心理医生们将爱清洁爱得太过分称之为"洁癖"。

之所以产生洁癖，首先，青少年的洁癖可能是由生活经历，即出身和家庭环境而产生的癖，有些洁癖者的父母特别是母亲，往往就是一个洁癖者，他们对子女的洁净有一种超乎寻常的要求。

其次，洁癖可能反映了青少年的一种自卑心理。有些洁癖的青少年由于某种原因感到很自卑，因而他们很担心自己因不整洁而被人看不起。

最后，青少年很可能把洁癖当做一种代偿的行为。所谓代偿行为，就是青少年在某种心理欲望得不到满足时，通过它来获得替代满足的一种方式。有一点对乱的宽容，这样才能保证自己心态与生活的稳定与正常。

中国历史上最著名的洁癖之士要首推明初大画家倪云林。他爱洁成癖，连自己的文房四宝——笔、墨、纸、砚都有两个佣人专门负责经营，随时擦洗。院里的梧桐树，也要命人每日早晚挑水揩洗干净。一日，他的一个好朋友来访，夜宿家中。因怕朋友不干净，一夜之间，竟起来视察三四次。忽听朋友咳嗽一声，于是担心得一宿未眠。及至天亮，便命佣人寻找朋友吐的痰在哪里。佣人找遍每个角落也没见痰的痕迹，又怕挨骂，只好找了一片树叶，稍微有点脏的痕迹，送到他面前，说就在这里。他斜睨了一眼，便厌恶地闭上眼睛，捂住鼻子，叫佣人送到三里外丢掉。

此君堪称洁癖之登峰造极者。洁癖的做法好像是很卫生，但却感受不到幸福，只感到紧张和痛苦，觉得活得特别累，没有时间去享受生活。其实过分的洁癖会导致人的免疫功能的减退，影响健康。人适度地接触病菌，反而会产生抵抗力。假如，有两个人去一个有病菌的场所，一个是洁癖，特别爱干净，一个不是洁癖，谁更容易感染病菌？是"洁癖"。因为后者身上的一些病菌使他体内产生抗体，会和外来病菌进行战斗，而"洁癖"没有任何防备，病菌可以长驱直入。进入青少年时期，接触的社会面很广，如果还把自己搞的过分干净，反而容易生病。在心理咨询门诊，就有许多有"洁癖"的人同时还易患口腔溃疡、腹泻、感冒、咽炎等疾病，就是因为太爱干净的缘故。

以上还只是一些显性的洁癖，还有更多隐性的洁癖，即心理性洁癖。如中国男人根深蒂固的"处女情结"，就是一种自私而霸道的贞操洁癖。唯美主义的爱情也是一种洁癖。容不得一丝一毫的杂质。殊不知，纯而又纯的爱情恰是最没有免疫力、短命的爱情。

社会关系中也存在洁癖。如某些所谓出身名门的贵族瞧不起普通平民；城里人看不起乡下人；某些大城市的人看不起外地人；白人看不起黑人；基督徒看不起异教徒等。以为自己很高贵，其实是非常浅薄而可笑的。

那些从小到大在父母过分的呵护下长大的孩子，以及那些在人际交往中自命清高的人，对社会的免疫能力是最差的。

心理疗法

1. 认知疗法

认知疗法的主要说法：

（1）事实根据：①人只要在这个世界上，就不可能与外界环境隔绝，致病的病原体是始终存在的，人的免疫机能阻止着疾病发作；频繁洗手（衣）对预防疾病没有太大的用处，大多数病原体用肥皂是杀不死的。②过于紧张和焦虑反而降低人的免疫力，容易惹病；即使其他病没得，但强迫也正是一种严重的心理疾病。③乡下那些卫生条件不如城里的孩子身体更健康。④适当地"脏"一下有助于提高免疫力；不经历风雨，哪里见彩虹，温室的花朵更经不起考验。

（2）洁癖所带来的危害超过益处。细菌是人类生活环境的必要组成部分，日常接触到的众多细菌对我们的生活与健康是有益的。如果不加选择地灭菌，就可能给那些抵抗力、适应性、侵袭力强的有害病菌开绿灯，破坏人体内及自然环境的微生物平衡，以致有害的超级细菌大量生存和繁殖。在心理咨询门诊，就有许多有洁癖的人同时还易患口腔溃疡、腹泻、感冒、咽炎等疾病。

2. 满灌疗法

自己坐于房间内，请其好友或亲属当助手。全身放松，轻闭双眼，然后让助手在自己手上涂各种液体，如清水、墨水、米汤、油、染料等。在涂时，应尽量放松，而助手则尽力用言语形容手已很脏了。你要尽量忍耐，直到不能忍耐时睁开眼睛看到底有多脏为止。助手在涂液体时应随机使用透明液体和不透明液体也可随机使用清水和其他液体。这样，当你一睁开眼时，会出现手并不脏，起码没有想象的那么脏的情况，这对患者的思想是一个冲击，说明"脏"往往更多来自于自己的意念，与实际情况并不相符。而当你发现手确实很脏时，洗手的冲动会大

大增强,这时候,治疗助手一定要禁止他洗手,这是治疗的关键。你会感到很痛苦,但要努力坚持住,助手在一旁应积极给予鼓励。

在这一关键时刻,助手的示范作用很大。助手可在自己手上也涂上液体,甚至更多更脏,并大声说出内心感受。由于二人有了相同的经历,在情感上就能得到沟通,对脏东西的认识也能逐渐靠拢。这时,你要仔细体会焦虑的逐步消退感。

满灌疗法在刚开始时把人推向焦虑的顶峰,但随着练习次数的增加,焦虑会逐渐下降,强迫行为也会慢慢消退。

3．系统脱敏法

把自己害怕的东西和场景、经常做的事情,从轻度到重度写出来,然后每天从最容易的事情入手控制自己的行为,如逐渐地减少洗手的次数和时间。